主编：夏春锦 周音莹

文学的鲁滨逊：
木心的前半生（1927—1956）

夏春锦 著

乌镇：予仍频忆江南古镇
从学：少小的我已感知传统的文化
出走：一心要做知易行难的艺术家
校内校外：青春必须动
幸遇师尊：我才野性稍戢

中国出版集团公司
华文出版社

图书在版编目（CIP）数据

文学的鲁滨逊：木心的前半生：1927—1956 / 夏春锦著. -- 北京：华文出版社，2020.10
（知新文丛 / 夏春锦，周音莹主编）
ISBN 978-7-5075-5329-1

Ⅰ. ①文… Ⅱ. ①夏… Ⅲ. ①木心－传记 Ⅳ. ①K825.6

中国版本图书馆CIP数据核字（2020）第127269号

文学的鲁滨逊：木心的前半生（1927—1956）

作　　者：	夏春锦
责任编辑：	胡慧华
出版发行：	华文出版社
地　　址：	北京市西城区广安门外大街305号8区2号楼
邮政编码：	100055
网　　址：	http://www.hwcbs.com.cn
电　　话：	总 编 室 010-58336239　发 行 部 010-58336212　58336238
	责任编辑 010-58336197
经　　销：	新华书店
印　　刷：	三河市燕春印务有限公司
开　　本：	880mm×1230mm　1/32
印　　张：	8.5
字　　数：	170千
版　　次：	2020年10月第1版
印　　次：	2020年10月第1次印刷
标准书号：	ISBN 978-7-5075-5329-1
定　　价：	48.00元

版权所有，侵权必究

文學的魯濱遜

念樓題耑

目 录

序　言 / 孙郁　　　　　　　　　　　　　　　　　001

小引："木心是谁？"　　　　　　　　　　　　　　001

第一章　乌镇："予仍频忆江南古镇"　　　　　009

　　说起乌镇，现在已是举世闻名的国际旅游目的地和世界互联网大会永久举办地。但对于木心而言，这里就是他的故乡，既是他的人生起点，又是他的最后归宿。木心少年时代从乌镇出发，经杭州、上海、纽约，最终又回归乌镇，用尽一生，为自己画就了一个圆满的人生轨迹。

第二章　从学："少小的我已感知传统的文化"　　033

　　两位老师言之谆谆，诚心诚意地希望木心今后成为学贯中西的人物。这应该是母亲沈珍的有意安排。正是在他们的精心辅导之下，希腊神话、四书五经、《圣经》，同时成了木心必须背诵的内容。他不仅有系统地阅读了古文，还通过阅读大量世界性的书，逐步建立起了自己的世界观、人生观和价值观。

第三章　出走:"一心要做知易行难的艺术家"　065

　　抗战的胜利,像一剂强心针,使早已死气沉沉的杭州城顿时活力四射。人们在战乱中压抑得实在太久,无论是官方还是民众都需要一场足以驱散恐慌与寂寥的狂欢。被木心所最先察觉到的是文化界的动静,杭州城内呼地冒出许多画画儿的、编报的、演戏儿的,一时间热闹非凡。这些人大多从大后方回来,九死一生,不免要以胜利者自居,显出意气风发的样子。而木心这个惨碌少年,初入"文化界",一时竟难以适应。但为了心中的"画家梦",他还是看样学样,努力周旋于其中。

第四章　上海美专:"这是我的艺术之门"　085

　　进入上海美专求学后,木心一心投入自己艺术人生的这个"筹备期",很快就融入到了他苦等了三年的学习生活之中。与在杭州时的"道具服装风度上的兴趣的虚荣"相比,此时的木心迫切地想用全新的专业知识和技能来塑造自己。

第五章　校内校外:"青春必须动"　109

　　木心坦言:"上海美专无疑是我快乐的淘气竞技场,与往昔踽踽独行在西子湖畔的惨碌少年已经判若两人,青春必动,静的青春往往流于自残。"他虽然看不上本地帮,对外地帮也有些恨铁不成钢的意思,但对外地同学中活跃的一批"文艺工作者"却心存好感,并且与他们越走越近。

第六章　幸遇师尊:"我才野性稍戢"　147

　　木心自己说过是因为与夏承焘的"诗词往还,我才野性稍戢"。以木心向来精粹节俭的语言,这是审视夏承焘对其影响至关重要的当事人言。一个人对另一个人的影响,还有什么比性格的同化还要来得深刻的呢?

木心也坦言自己受到过林风眠艺术上的恩惠。他当时极渴望与自己同时代的艺术同仁们进行交流，在欣赏其作品的同时，也能亲近其人，从中得到他们的启迪与教诲。林风眠无疑就是这样一位勇猛精进的当世画坛巨匠，此时近在咫尺，正可以追随其后，亲之敬之，彼此慰藉，相互温暖。

第七章　解放前后："此心耿耿欲何之"　　163

当一切开始尘埃落定，旧的已经打破，新的秩序就要建立起来的时候，木心突然发现自己心中始终葆有的还是对文学艺术的那份痴情与热情。辞职，于是成为他理所当然的选择。在他看来，中学教师的职业是一种温暖、安定、丰富的"常人的生活"，这种生活对于他所追求的艺术是有害的，他不要。他真正需要的是"凄清、孤独、单调的生活"，以为这才是艺术家应该拥有的生活状态。福楼拜曾说过："如果你以艺术决定一生，你就不能像普通人那样生活了。"木心于是听从了福楼拜的话。

第八章　小镇中学教师："我好比笼中鸟"　　205

二十世纪五十年代的头几年，木心就这样在育民中学里平静地教着他的书，与有限的几位志同道合的朋友相往还，生活还算自在，心情也是愉悦的。尽管如此，福楼拜的教诲，特别是那句"艺术广大已极，足以占有一个人"总是会在心底涌起，庸常的日子毕竟容易使人麻木，为此木心的内心也有自我冲突的时候。他写过一首题为《小镇上的艺术家》的诗作，述及这一段生涯，似乎是有意在向读者袒露他彼时的真实心境。

后　记　　232
附录：木心年表（修订版）　　237
主要参考书目　　254

序　言

木心去世后,世人对他的怀念一直没有中断过。我曾在杭州、北京等地参加过他的诗歌朗诵会,发现到会的都是青年,喜欢他的并非都是文学圈子里的人。青年人的欣赏他,原因自然有种种,但其中不乏一种对古风的追慕,古希腊与中国六朝精致的美,我们于今人笔下久矣不见,而竟复活于其笔下。众人为之欣然而往,不是没有道理。我们常人的世界里,不太易这样地说话,这样地思考。他的存在,既显得遥远,也很亲切。

十几年前读他的作品,觉得文风古雅,笔底灵思种种,有点晚清文人的样子。浅显里是幽深之谷,讲究中又多见率真之气。关于此,陈丹青有过诸多介绍,青年读者的评论也丰富了人们的认识。而夏春锦这本传记,显得更为系统,介绍了木心生平诸多细节,先前读者朦胧的地方,渐渐清晰起来。一个个人物登场,一缕缕愁思聚散,还有惊心动魄的生死瞬间,就这样与我们面对着。

我曾在乌镇的会议上，认识了夏春锦先生，那天看到他带来的桐乡文史资料，知道他是乡邦文献的研究者。桐乡乃人杰地灵之所，六朝以来文人的书卷气，至民国气象渐盛。乌镇的茅盾，石门镇的丰子恺，高桥的太虚大师，都是满腹经纶的人。后来读到《木心考索》，知道古风流转何以孕育出许多人杰。我们平常之人读书止于理趣，夏春锦却寻觅那理趣背后的东西，那些被作者隐去的本事和旧曲，悄然涌动，读之不禁生叹。《文学的鲁滨逊：木心的前半生（1927—1956）》是桐乡文人史奇妙的一章，多了先前艺术家没有的东西。看似人物轨迹的描摹，实则也在为时代画像。笔法呢，远离了八股，行文持之有据，不涉虚言，个体命运在时代风潮里的起落，以及诗意的精神在灰暗里的喷吐，都有特别的交代和展示。

描述木心，显然有许多难处，倘不了解其气质，或掌握充足材料，易滑入空泛论。除了一般史料的功夫之外，还需文学与美术的领悟力，惟有在多重艺术空间的转换里，方能窥见其修辞的策略，诸多谜底，也随之得以解开。我读这本书，发现了一些先前没有注意到的人与事，看到的是风雨里的安宁，凌乱里的秩序。木心一生坎坷，但文字里却没有什么苦楚的痕迹。他早已是抹去了尘世的恩怨，那心绪有古人超然之气。先生早年受到了特殊的教育，很小就接触《周易》《大乘五蕴论》等书，家庭的习佛风气又沐浴了思想，内心不乏灵性的体验。他在上海美专开始瞭望到艺术世界的远景，不久又得到哲学思想习染。值得一提的是他和茅盾家族的关系，因了这位前辈的藏书，自己的眼界大开，感受到了美术与文学间的共同的东西。从色彩到文字，形象到理念，各类元素悉入脑际，洗刷掉了传统读书人的暮气。温习这些旧事，当使人重见旧时风气，那一代人的心事与文事，在今天的青年那里不易见到了。

人们都说木心有着传奇的一面，但仔细想来，也普通得不能再普通。他生活在革命的年代，也曾是激进的青年。那动荡年月浪漫的歌蹈，纠缠的也有尼采和福楼拜的遗风，这使他没有陷入海派时髦青年的幻境里，却成了喧闹时代的独行者。在起起落落的命运中，可贵的是一直有一种不变的东西。他善于独处，将自己放逐于清冷之地，笔触探入心底，每每荡出波澜，那纤细之音和高雅之调，绘出革命时代独思者的精神之图。这一切与鲁迅、林风眠亦多交叉的地方，他自己衔接了这两位艺术家的某些精神。即便在落魄的时候，依然保持着自己的高贵，于是我们恍然领悟，他的亲近纪德、加缪，可能都有所寄托。左翼思想也是开放的，特立独行和不谙世事的选择，是浪漫之中的另一种浪漫。

我读木心时，觉得看似简单的句子，其实是有精心的经营的。他带有一丝唯美的洁癖，采蜜般飞在各类色彩的世界。一般人的写作是从自己的经验出发与世界交流，他却相反，从世间的经验返回己身，六经注我的用意也是有的。那些远古的知识不再是冰冷的存在，在其笔端都有了温度，所以，成了没有艺术边界的游历者。在对艺术的态度上，他是一个泛爱的人，人间一切有趣的诗文，都吸引自己驻足，打量中奇思漫漫，那些亮点也成了其生命的一部分。这不仅与京派文人不同,和海派亦有很大的距离。说他是五四的孑遗,似乎亦不确切,他的跨界的顿悟,早已洗刷了世间的陈迹,拥有的是中古文人冷观之眼。许多文字是写给自己的,自己与自己的交流,但却醒悟了世间的人们,我们何曾这样有过内心的追问?先生行乎无方,飘忽无所,却终于修成正果。他知道,救赎的办法不在外在的世界,只有自己的文字,他的写作让我们看到了汉语的潜能。

而这一切,很长时间并未引起批评家的注意。当代的批评界多是怠慢了木心,他们的沉默好似缘于作品的简约,没有大起大落的惊艳,对于时代的记录过于冷僻。与之相反的是,民间的青年却那么关注这位作家,他们看到了这位老人与自己的亲昵之感。木心不仅告诉我们学问与艺术的关系,也告诉世人,在没有趣味的地方,如何发现趣味,且与之相互依偎。在他那里看不见对于金钱与权力的崇尚,辗转于风尘之中,却未染世俗之气。世人倾利,木心钟情;众生慕名,木心贵智;名士趋时,木心感旧。此其与常人不同之处,我们模仿先生,往往不得要领。

一个作家的文字倘被青年所反复阅读,那就真的活在这个世间了。夏春锦的书提示我们,先生留下的遗产,对于苦苦行路的青年而言,乃雾中之风,沙漠之泉。章太炎当年提倡独异的个性,但识之者易,行之者难。木心一生耐得寂寞,于文图中化苦为乐,收获的是人间至美。他说生命的特点是时时不知如何为好，看似悲观，却有悟道的安然。当生活艺术化的时候，因了艺术之神的存在，便不再孤寂。艺术地活着，才有活着的艺术。过去我们解之不多，现在有了新的例证。

孙郁

二〇二〇年一月五日于海口老城

小引:"木心是谁?"

一

"木心是谁?"

对于这个问题,回答可谓众说纷纭。

二十世纪八十年代,担任纽约《美洲华侨日报》副刊主编的诗人王渝说:"第一次收到木心的稿件,感觉是惊艳。怎么有人写得这么好,这么与众不同?他的书写不带一丝当时的大陆文风。这位来自大陆定居此地的作家,像是从石头里蹦出来的孙悟空。"①

比木心小十岁,如今在台湾岛内已是辈分最长的出版家、作家、诗人隐地说:"他的文字很好,一流的作家,毫无疑问。""他

---

① 王渝:《木心印象》,《木心纪念专号:〈温故〉特辑》,刘瑞琳主编,桂林:广西师范大学出版社,2013年,133页。

可以说是'作家中的作家'。"①

当下台湾新生代小说家伊格言说:"他是一个有很好家世背景,用我们的话说'很好命'的写作者,又是画家,西学也那么好,可以说是那种真正意义上的'大作者'。"②

与木心文学交流持续二十余年,现任美国加州州立大学洛杉矶分校英语系终身教授的童明说:"木心是以世界精神为体的中国作家。他与世界思想和文学的相通,体现着他与现代的中国思想和文学的相关。""木心也是'飞散'作家,是中国文化向世界飞散的实证。对我们而言,木心风格的意义应该是:中国文学在他的风格中获得了极丰富的世界性内涵。"③

最早在大陆推介木心的学者陈子善说:"木心先生有高远的抱负,他要打破传统意义上的散文的界限,在散文创作中融入诗、小说、评论诸多因素,使之成为一种崭新的文体。"木心不仅是"散文大家",还应该是"文学大家","其实是一位文体家"。④

在文学杂志上偶遇木心作品的作家陈村说:"他迟迟没在内地出现,我是在文学杂志上邂逅他的文字和名字,读罢如遭

---

① 刘道一:《文学往事》,《木心逝世两周年纪念专号:〈温故〉特辑》,刘瑞琳主编,桂林:广西师范大学出版社,2014年,147页。

② 同上书,155页。

③ 童明:《木心风格的意义:论世界性美学思维振复汉语文学》,《读木心》,孙郁、李静编,桂林:广西师范大学出版社,2008年,22—23页。

④ 《姗姗来迟,毕竟还是来了》,《素描》,陈子善著,济南:山东画报出版社,2007年,104—105页。

雷击,不可能再忘记这个人的存在。我终于发现,生活在我同时代的人中,在中文写作中,还有这样的一位前辈。"①

木心弟子,画家、文艺评论家陈丹青说:"木心先生可能是我们时代唯一一位完整衔接古典汉语传统与五四传统的文学作者,同时,在五四一代以及四十年代作者群中,我们无法找到与木心先生相近似的书写者——此所以我称木心先生是一个大异数,是一位五四文化的'遗腹子'。"②

学者孙郁说:"木心的文字和近五十年间的流行文化没有什么关系。他虽经历了种种磨难,但思路却未被俗事所累,能在更高远的层面上打量问题。他具有五四文人的古典文学修养,也深味西方艺术的流脉。……木心深味鲁迅文体的意义,但他跳出了鲁迅式的藩篱,从本土的焦虑进入了人类的焦虑,是游走于世界的狂士。"③

此外,就木心的文学成就而言,也有人说木心被高估了,与此同时,也有人回应说木心被低估了。总之,三十年来,世人对木心的印象和评价主要基于对其文艺作品的认识和感知。虽然至今还没有定论,但木心及其作品的影响力和知名度的日渐扩大,已经是不可否认的事实。

古有"知人论世"之说,鲁迅亦曾指出:"世间有所谓'就

---

① 陈村:《关于木心》,《读木心》,孙郁、李静编,桂林:广西师范大学出版社,2008年,3页。
② 陈丹青:《我的师尊木心先生》,同上书,11—12页。
③ 孙郁:《游走于世界的狂士》,同上书,249页。

事论事'的办法,现在就诗论诗,或者也可以说是无碍的罢。不过我总以为倘要论文,最好是顾及全篇,并且顾及作者的全人,以及他所处的社会状态,这才较为确凿。"①笔者一向认为木心一生的际遇与他的作品、尤其是与他内心历程的关系,比多数文学家来的更其紧密、幽邃、深沉,如果缺乏对木心生平及思想状况的了解,孤立地来解读其作品,多数时候会流于浅薄,至少无法抵达作者最真实的创作意图。随着木心读者与研究者对其作品阅读与研究的深入,人们对木心其人的生平也是越发感到好奇,有着进一步了解的强烈愿望。可问题是,因为主客观的原因,时至今日木心的人生履历,仍然是一个又一个待解的谜团。

二

要了解和理解一个作家的心路历程,最好的办法莫过于撰写一部传记。但真要写一部木心的传记,又谈何容易。

对于自己的传记,木心时而"像哈代一样非常厌恶别人为我写传记"②,时而又对后学"抱着洪大的希望",嘱咐对方今后去写《木心评传》③。木心自己甚至立下颇为宏伟的写作计

---

① 《且介亭杂文二集·"题未定"草(七)》,《鲁迅全集》,鲁迅著,北京:人民文学出版社,2005年,444页。
② 《云雀叫了一整天》,木心著,桂林:广西师范大学出版社,2008年,219页。
③ 《木心致台湾读者信》,林慧宜提供,《木心纪念专号:〈温故〉特辑》,刘瑞琳主编,桂林:广西师范大学出版社,2013年,228页。

划，从二十世纪七十年代起就在酝酿一部"传记性"的《瓷国回忆录》，声称字数要达两百万。尽管最终都没有完成，但从中可见木心的自我期许。

较之其他作家，当前木心生平资料的匮乏尤为明显，这是木心传记能否写成的决定性因素。究其原因，笔者以为表现在以下几个方面：

就木心个人而言，自青年时起即推崇福楼拜"呈现艺术，退隐艺术家"的艺术观和方法论，几乎不在作品中直接叙及家世和生平经历。就目前已经出版的著作来看，只《鱼丽之宴》中的访谈和《迟迟告白》《战后嘉年华》等少有的几篇纪实性文章中较多述及。即使是在访谈中，访谈者有意追问，木心亦使用障眼法，避重就轻，化实为虚，使人捉摸不透。又，在创作上木心精于"步虚"之道，强调"不要太老实"①，认为写作"老老实实写，没什么好写的"②。他在向学生讲解《童年随之而去》一文时特别强调了这一观点：

> 我纪实？很多是虚的。全是想象的吗？都有根据的。写写虚的，写实了；写写实的，弄虚了——你们画画的几位，实的有本领，虚的不行。
>
> 道家语："天风吹下步虚声。""步虚"，在空的地方走。

---

① 《木心谈木心：〈文学回忆录〉补遗》，木心讲述、陈丹青笔录，桂林：广西师范大学出版社，2015年，25页。

② 同上书，32页。

> 我的文章,常是"步虚"。①

这里木心坦陈了自己的创作追求,他更愿意在虚实之间的摇摆中寻求艺术的真实。他的所谓"实",即纪实、写实;所谓"虚",即虚构、想象、创作。木心的写作既不一味地纪实,也不全盘地虚构,他认为"全是真的,不真;全不真,也不真"②,是要在"真"与"不真"中寻找到一个最佳的表达效果。这种观点的落实,在台湾地区出版的《同情中断录》所收录的文章中表现得最为突出。

一般而言,对作家生平经历的叙述,还主要来自其亲友的追忆与描述。这类追述文章在木心生前几乎未见,直到木心去世之后的二〇一二年才陆续面世。这其中尤以陈丹青、王韦、陈巨源、陈英德、张宏图、夏葆元、王渝、曹立伟、童明、秦维宪、胡晓申、铁戈等的回忆性文章最为重要,但数量有限,误记之处不可避免,本传在使用过程中均尽力作了修正。此外包括笔者在内的研究者通过访谈和考证,也披露了部分史料和史实。这些文章分别从各自的角度还原了木心某一时段的行止,但空白点太多,对于某一时段的处境亦缺乏立体的呈现。

其次,几乎与木心恢复写作同步,文学界对其作品的研究也已悄然起步,但三十余年中始终处于初始阶段,没有取得太

---

① 《木心谈木心:〈文学回忆录〉补遗》,木心讲述、陈丹青笔录,桂林:广西师范大学出版社,2015年,80页。

② 同上书,32页。

大的进展。这其中又以对作品的评论居多，围绕木心的生平研究几乎是空白，相关评论与理论研究中史实错误的现象也是屡见不鲜。直到近年才略有改观，包括笔者在内的少数人虽有涉猎，但深入不够，成果寥寥。

木心生平研究之所以鲜有人涉足，另一个更主要的原因是基础性文献保障体系还没有建立起来。这其中包括木心还有大量遗稿等待整理和出版，特别是木心美术馆内收藏的档案文献尚未公布，埋藏于茫茫故纸堆中的早期史料有待深入挖掘，其在海外的行踪事迹也需要有心人的探访与打捞。而木心与师友间的来往书信亦十分丰富，至今没有被集中收集、整理和出版。这些都是撰写木心传记过程中不可或缺的资料。

三

需要说明的是，本书只是一部木心前半生的传略。正如木心所言，"读者千千万，作者只有一个，怎能面面俱到"[1]。因了以上种种原因，笔者本无意去全方位描述木心的生活点滴和细节，更不会去添油加醋，做无故的虚构和发挥。本书想做和能做的，就是有一分事实说一分话，希望能大体不错地勾勒出木心前半生的人生轨迹，梳理出其与文学艺术从结缘到以此为毕生志业的心路历程。

---

[1] 《云雀叫了一整天》，木心著，桂林：广西师范大学出版社，2008年，298页。

尽管木心有棒喝在前,可用的资料又如此有限,笔者还是贸然要为木心作这样的传记,希望能借此推动木心生平的研究。在此开笔之际,我也做好了被批评的准备。

曾经有人向木心请教"作为一个作家最重要的条件是什么",木心回答:"诚吧。"①我想只要有了"诚诚恳恳"的态度,本传即便有这样那样未尽如人意之处,也应能得到读者诸君的谅解吧?

二〇一八年三月十七日初稿
二〇二〇年二月六日定稿

---

① 《雪夕酬酢》,《鱼丽之宴》,木心著,桂林:广西师范大学出版社,2009年,48页。

第一章　乌镇："予仍频忆江南古镇"

说起乌镇，现在已是举世闻名的国际旅游目的地和世界互联网大会永久举办地。但对于木心而言，这里就是他的故乡，既是他的人生起点，又是他的最后归宿。木心少年时代从乌镇出发，经杭州、上海、纽约，最终又回归乌镇，用尽一生，为自己画就了一个圆满的人生轨迹。

一、由一首诗说起

一九二七年农历二月十四（公历三月十七日），木心①出生于浙江省桐乡县青镇②（今桐乡市乌镇镇）太平桥畔的孙家老宅。

说起乌镇，现在已是举世闻名的国际旅游目的地和世界互联网大会永久举办地。但对于木心而言，这里就是他的故乡，既是他的人生起点，又是他的最后归宿。木心少年时代从乌镇出发，经杭州、上海、纽约，最终又回归乌镇，用尽一生，为自己画就了一个圆满的人生轨迹。

乌镇在木心的心中，有着刻骨铭心的记忆。作为游子的木

---

① 木心（1927.3.17—2011.12.21），本传传主，原名孙璞，又名孙仰中，字玉山，有笔名罗干、吉光、高沙、裴定、马汗、桑夫、林思、司马不迁、赵元莘、杨蕊、阿辛、木心等。二十世纪四十年代起改名为孙牧心，从此成为其通用名和正式名。本传除特别之处相应的称呼外，行文中一律用笔名木心。

② 一九五〇年，乌镇划归桐乡县，并与青镇合并，统称为乌镇。本书除此处特别标示为青镇外，为叙述方便，下文将统称为乌镇。

心,和绝大多数诗人与文学家一样,常常将对故乡的所见所闻所思所感诉诸笔端,缀而成文。这些文章或寄托莼鲈之思,或纾解内心孤独,成为木心文学作品中的精品佳作。

在木心有关故乡的诗文中,有这样一首诗有必要首先被提起:

少年朝食

清早阳光
照明高墙一角
喜鹊喀喀叫
天井花坛葱茏
丫鬟悄声报用膳
紫檀圆桌四碟端陈
姑苏酱鸭
平湖糟蛋
撕蒸笋
豆干末子拌马兰头
莹白的暖暖香粳米粥
没有比粥更温柔的了
东坡、剑南皆嗜粥
念予毕生流离红尘
就找不到一个似粥温柔的人

吁，予仍频忆江南古镇
梁昭明太子读书于我家后园
窗前的银杏树是六朝之前的
昔南塘春半、风和马嘶
日长无事蝴蝶飞
而今予身永寄异国
诗书礼乐一忘如洗
犹记四季应时的早餐
若《文选》王褒之赋曰
良醰醰而有味

美粥岂易得　煮粥犹填词
稀则欠故实　稠则乏精致
精明李清照　少游受评喳
我谓秦七粥　稀稠亦由之

目前尚不知木心创作此诗的确切时间，但推测是在留美期间的晚期大体应该不会有错。诗作从日常写起，看似平铺直叙，其实诗人内心的桑梓之情在思绪的切换中层层递进。直到了"吁，予仍频忆江南古镇"一句，那份郁结终于按捺不住，一吐为快。

在这首诗中，木心通过"少年朝食"那一系列味蕾的记忆，打开了被封存于内心深处的故园之思。当记忆的闸门一旦打开,故乡的风物,特别是那些早已渗入木心血脉的文化基因就再一次被激活。

二、风土清嘉的千年古镇

木心的故乡乌镇地处江南腹地,为河流冲积和湖沼淤积平原。这一带地势平坦,河道纵横,气候温和,物产丰富,素有鱼米之乡、丝绸之府、文化之邦的美誉。

乌镇历史悠久,早在六千多年前就有先民活动。在其东郊不远处的"谭家湾新石器时代古遗址"二〇〇六年被列入国务院公布的第六批全国重点文物保护单位。正是这一属于马家浜文化类型的古遗址打开了乌镇华丽璀璨的历史画卷。

乌镇的地理位置也异常独特,历史上长期处于两省(浙江、江苏)三府(嘉兴、湖州、苏州)七县(桐乡、石门、秀水、乌程、归安、吴江、震泽)的错壤之地。"苏杭嘉湖六通四辟,粮艘贾舶无间道可他适",水路交通四通八达,向来是浙北地区的水运枢纽。

因为特殊的地理位置,乌镇宋以前为兵家所重,宋室南迁后商业逐步得到发展。至明清时期"富商大贾数千里辇万金而来,摩肩接袂如一都会",乌镇已成为一个经济发达的交通

"梁昭明太子同沈尚书读书处"石牌坊(金卫其摄)

枢纽和商品集散地,名列江南五大镇。就如地方史志所说的那样:"镇上有桑叶行、茧行、丝行、绸庄、布庄、京庄、建庄等,其他如米行、烟业、典当、银楼等业亦颇发达,酒肆茶楼林立,市逵广袤十八里,成为'巨丽甲他镇'的商业大镇。"①

地理位置的优越,交通的便利,商业的繁荣,使得乌镇自古人文荟萃,雅士云集。在木心眼里,故乡乌镇文风郁郁,文脉相承,实为一处人文渊薮:

> 明清年间,乌镇无疑是官商竞占之埠,兵盗必争之地,上溯则梁朝的昭明太子萧统在此读书,斟酌《文选》。《后汉书》的下半部原本是在乌镇发现的,唐朝的银杏树至今布叶垂荫,葱茏可爱。乌镇的历代后彦,学而优则仕,仕而归则商,豪门巨宅,林园相连,亭树、画舫、藏书楼……寻常百姓也不乏出口成章、白壁题诗者,故每逢喜庆吊唁红白事,贺幛挽联挂得密密层层,来宾指指点点都能说出一番道理。骚士结社,清客成帮,琴棋书画样样来得,而我,年年"良辰美景奈何天",小小年纪,已不胜惆怅"赏心乐事谁家院"了。②

在这里,木心对乌镇的地理优势只是一笔带过,为他不厌

---

① 《乌镇志》,汪家荣主编,上海:上海书店出版社,2001年,13页。
② 《乌镇》,《同情中断录》,木心著,台北:翰音文化事业股份有限公司,1999年,193—194页。

其烦、津津乐道的还是古镇的文事,从中可见他的情结所系。南朝梁昭明太子随其师沈约到乌镇读书,向被视为古镇的文运之始,对后世读书人多有激励,影响深远。这一掌故在木心的诗文中被他反复提起。唐代以后,诗人李绅曾来此悠游,唐宣宗时宰相裴休更是一度在此卜居。南宋后,因乌镇临近都城临安,士大夫寓居于此的数不胜数。诗人陈与义就隐居于芙蓉浦多年,与本地文人雅士诗文酬唱,留下佳作。其简斋读书处遗址还令元代书画家赵孟𫖯慕名前来踏寻。步入明朝,江南名士祝枝山、文征明,旅行家徐霞客先后到访,均有诗文传世。入清后,儒学家张履祥被入祀孔庙,藏书家鲍廷博在此营建知不足斋藏书,均文名满华夏。晚清时期地方乡贤严辰热心乡邦文教,为后世景仰;音韵学家劳乃宣致力于汉字拼音推广,成效显著。近代以后,更是涌现出了报人严独鹤、女诗人汤国梨、漫画大师沈伯尘、新文学重要作家孔另境、编辑家沈苇窗等一大批文化名人。而一代文学巨匠茅盾,更是以一千四百万字的创作实绩享誉国际文坛。此外,自宋至清乌镇崇文重教传统一脉相承,先后涌现出六十八名进士和一百六十七名举人,秀才、贡生等更是不计其数。

对于乌镇,前人曾赞叹曰:"苏杭嘉湖四郡之中,有青镇实为人文渊薮,风土清嘉,含英咀华。"可以说,乌镇深厚的文化土壤,培育了古镇独特的文化氛围和气质,深深地影响了包括木心在内的后世子弟。而后来者的成就,又反过来给这座古镇带来了更大的声誉和勃勃的生机。

水墨乌镇

三、祖辈迁居乌镇

清末,乌镇出现过一次较大规模的移民涌入。除了光绪初年湘军因大批裁撤,安置于嘉兴、桐乡一带外,乌镇因气候宜人、土地肥沃、交通便利、商业繁荣还吸引了大批宁波、绍兴等地的移民到此落户。木心祖父孙秀林(?——一九二七)就是这移民潮中的一员。

孙秀林为人身强力壮,因勤俭有为,头脑灵活,又精通农艺,作为自耕农在绍兴时已小有家财。后只身奔赴湖州帮助妻舅开荒创业,就在事业渐有起色之际,妻舅不幸英年早逝。办理完丧事后,孙秀林囿于世俗偏见,在安顿好舅嫂及内侄的生产生活后,启程重返绍兴谋生。借助便利的水网交通,孙秀林一路往东,途中正好路过乌镇,在落户于东郊坝头的同乡郑七斤家逗留了数日。他从郑七斤处了解到,乌镇不仅创业条件优于湖州,而且已经汇聚了大量绍兴移民。于是他下定决心,要携带家人来此定居。

回到绍兴,孙秀林卖掉了固有的田地、房屋等家产,告别亲友，一路向乌镇进发。孙秀林挑着一副箩筐，除了必不可少的家用，上面还坐着一男一女两个小孩。其妻身上亦背负着大小包裹，手上牵着另外一个年纪稍大约七八岁的女孩。一家五口晓行夜宿，硬是步行走到了乌镇。沿途的一日三餐就在路边埋锅造饭，吃饱了就走，天黑了就在人家檐口或荒庙凉亭中过夜。

到乌镇后，孙秀林一家暂时借住于郑七斤家。不几日，就在郑七斤的帮助下搭建起了"绍兴棚子"，还用随身携带的银元购买了荒地和良田，开始了孙家在乌镇的安家创业之路。

移居乌镇后的孙氏夫妇更加吃苦耐劳，凭借着勤俭和精明，加上乌镇连年风调雨顺，孙家的田产不断扩大，所雇佣的农工人数亦逐渐增多。没过几年，孙家不仅拥有了自己的耕牛，更是添置了抽水机和碾米机，后来居上，成为了镇上的耕田大户。

孙秀林夫妇富裕后，依然能本分为人，勤俭持家，在农工和佃户中有着良好的口碑。据孙家亲友追忆：

> 孙家富庶之后，农民本色不变，夫妇两人仍和农工一起参加农业劳动，和农工亲密无间。对家中吃口重、困难多的农工，体恤有加。每当农忙季节或时令节日还有酒肉相待。为此，农工们个个忠心耿耿，不敢有半点怠忽。当然，受惠的还是孙秀林。
>
> 对佃农也不刻薄，孙家租田，是"世袭制"，即轻易不

换佃户，佃户的耕作权可以父子传承，也可转让他人，孙家只问收租、交纳田粮。很少有佃农故意欠租欠息的情况发生，更不需强行催索。曾有一佃户因故欠租多年，自知理亏，有一日手持香烛，向孙秀林谢罪，孙秀林连忙扶起，细问端详，孙秀林道：人有旦夕祸福，大家是做田庄人，靠天吃饭，租米不妨待你宽裕时再付。还挽留这位佃户吃了饭再走。为此，孙家在镇上，在乡下，在农工、佃户中口碑甚好。①

孙秀林不仅对自家的农工和佃户心慈手软，镇上凡有善举，莫不全力相助，唯恐落在人后。他们对镇上宁绍会馆的事务，就曾热心参与。

光绪末年，同是绍兴移民的泰兴昌纸店经理黄妙祥因热衷于宁绍会馆的公益事务，在宁波、绍兴籍移民中颇有声望。宁绍会馆主要是宁波、绍兴移民的议事之所，同时也用于停放客死他乡的两地移民的灵柩，解决了他们死后或因人手不便，或因财力不支所造成的灵柩不能及时运回原籍安葬的困难。宁绍会馆也是宁绍帮的联络枢纽，他们不但贫富相济，而且子女婚姻也是首选同乡人。孙秀林在宁绍会馆的运作中，也出了不少钱和力，从而赢得了老乡们的尊重，特别是与黄妙祥之间结下了深厚的交谊，孙黄两家由此也成为了世交。

孙氏夫妇的热心善事，或是源于他们对佛教的虔诚笃信。

---

① 邵传统、王松生、徐家堤：《东栅孙家厅：绍帮移民孙秀林和其家人》，《乌镇掌故续编》，徐家堤主编，珠海：珠海出版社，2006年，190—191页。

据孙家亲友描述,孙家设有佛堂,供奉的是观音大士。早晚上香,逢年过节更为隆重。对于镇上各家寺庙举办的佛事,夫妇二人必沐浴前往。每年春秋两季,还要专程前往杭州、苏州、上海等地寺庙进香,虽往返多日,旅途辛苦,亦在所不辞。

四、移居太平桥

随着家业兴旺,子女也渐渐长大成人,孙氏夫妇遂决定乔迁到镇上居住。经过多番打听,他们便在东栅太平桥桥头买下了一幢三间二进的楼房。此处房屋围有围墙,形如官印,为此有人断言,孙家日后必出贵人。

太平桥距离坝头不远,且乡间还留有田庄屋,虽条件简陋,但仍可住人。孙家为了出行方便还特意添置了农船,虽然新居离田庄的距离变远了些,但并未影响到他们对田庄的正常管理。

孙秀林夫妇在绍兴时就生下了二女一男,儿子名孙德润,年最幼。两女成人后先后出嫁,长女嫁给乌镇北栅的一户种田人家,幼女嫁给乌镇南栅沈家庄邵家。两位女婿均为绍兴移民。孙氏夫妇对独子孙德润最为爱怜。在儿子年幼时,孙秀林就曾请财神湾徐家厅的徐老夫子为其开蒙。孙德润体弱多病,常年医药补品不离身,在勉强读完高小后,便在家中调养。转眼孙德润到了可以谈婚论嫁的年龄,孙秀林夫妇便一心要在绍帮人中为其物色一位得力的媳妇。后经人介绍,孙德润与同是绍兴

太平桥(马建伟 摄)

移民的沈珍结为连理,便择日在太平桥新居完婚。沈珍父母开有地毯厂,家境也较为宽裕,孙沈两家可谓门当户对。沈珍为人知书达礼,贤淑能干,达到了孙氏夫妇选择儿媳的标准,为此深得公婆倚重。

沈珍与孙德润婚后于一九一六年生下了长女孙彩霞(一九一六——九六七),九年后再生下次女孙飞霞(一九二五——九三九),两年后才生下了独子木心。据木心自述,父母在生他之前已经有五个哥哥夭折,可以想见孙家要沈珍生一个儿子以延续香火的迫切之情。木心的出世无疑给年老的孙秀林夫妇带来了巨大的慰藉,也给这家乌镇的新兴大户增添了新的喜庆。家人为木心取名璞,字玉山,从中可见他们对他这根独苗的珍惜与爱护。后又改名作仰中,亲友昵称其为阿中。

木心出生的一九二七年,正是中国近代历史上血雨腥风的一年。就在这一年,国共两党走向彻底的决裂,国民党政府展开了对共产党的大肆屠杀,中华民族再一次陷入到了内忧外患的泥潭之中。

五、另觅新居

世道混乱，强人出没。太平桥老屋住了数年后，因考虑到单门独户不够安全，孙秀林遂有了另觅新居的打算。此时正巧财神湾西首的孔家因家道中落，有意出售部分孔家厅和孔家花园。孙秀林闻讯后，毅然花了上千银元，将其买下，经过一番改建后就成了孙家厅和孙家花园。

孙家亲友曾对孙家厅和孙家花园有过详细的描述，现移录于此，以见旧观：

> 孙家厅在乌镇东栅财神湾西首，临街下岸三间楼房，靠河处有专用"桥洞"（河埠）；临街上岸也是三间楼房（俗称一直落），中间正对头墙门，留有一条出入的过道。六间楼房的楼下起阁较高，以利开店营业，楼上起阁较低，为了营业，居处只好将就一点了，这是乌镇沿街店面房舍的特色。孙家曾租给他人开店，收租生息。上岸曾开过茶叶店、糖果茶食店和染店，乌镇有名的朱家馆——朱德泰就开设在下岸。

孙家花园旧貌（木心摄）

专营包酒菜和门市供应,颇具特色。

头墙门用铁皮包裹,钉有"漫天星",有一对黄铜狮首衔环。门坊颇有气派,额有"五世其昌"四个砖雕大字,这大概是孙秀林的一生期望,也可能是孔家留下的旧貌。

墙门内是宽阔的石板天井,走上街沿进入三开间平厅,正中挂有"积善堂"匾额,白底黑字古朴苍劲。这堂名不知是孙秀林的主意,还是绍兴老家的沿袭。"积善人家庆有余"是祖训,是孙秀林的自励和对子孙的启迪。有人云"富不过三代",恐怕孙秀林也有此后顾之忧。

平厅的屏门和两壁挂有中堂、书画,一式台条几椅,俨然是乌镇厅堂的规范格式。陌生人进门观望,还当作是"书香人家"。平厅的翻轩下三间一统是落地堂窗,裙板上刻有"精忠岳传"浮雕,上半扇是花格玻璃窗。后檐中间也是落地堂窗,眉板、裙板和脚板上刻有花卉、羽毛等吉祥物,两边是矮墙,上有统间花格玻璃窗。

玻璃始兴于法国,中国人能制造玻璃为时较晚,为此起始时价格不菲。据说孔家厅原来是花格砺壳窗,是孙秀林刻意改装的,这也反映了当年孙秀林的经济实力和他见过世面的眼界之广宽。

二墙门靠近平厅的后檐。进得二墙门也是石板天井,两边有东西厢楼,连接北边的三间楼厅。东厢楼下是账房间,西厢楼下是会客间,楼厅下用可以装卸的板障分隔成三间,中间是客堂间,两旁是膳堂间和起居间,楼梯在退堂的东边,

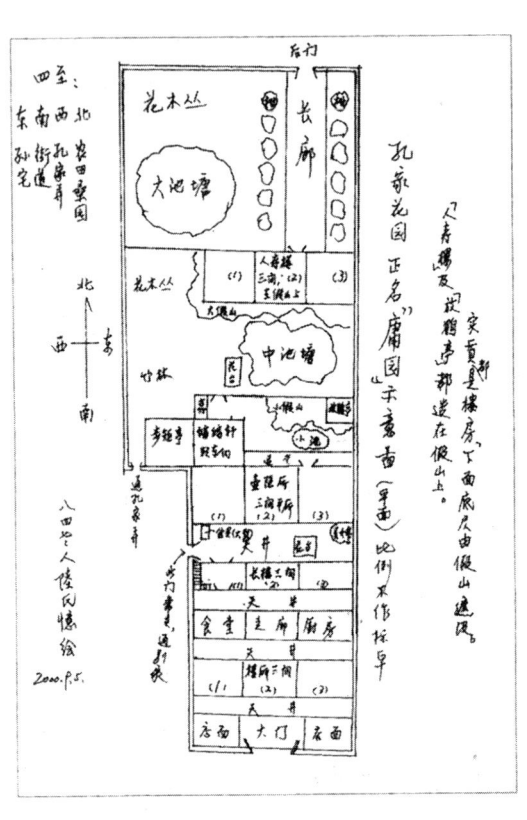

庸园示意图（孔海珠提供）

所有前后檐的托几、雀替，以及楼梯栏杆也有精美的雕刻，而前后堂窗的裙板上刻有二十四孝等浮雕，和前埭平厅的浮雕呼应为"忠孝传家"，这是孔家的遗物。厅上厅下，都是花格玻璃窗，所以十分亮堂。如有红白喜庆，楼下卸去板障就是一所三开间的堂楼，更显气派。墙门大开之时，人站在街上北望，可见层层叠叠，直透三埭楼厅的屏门上的锦幔字画，有点"侯门深如海"的华丽气概。楼上连厢楼折隔成十间房间，这就是老太太的佛堂间与儿孙辈的宿处和书房间，以及下人等的寝处了。

紧接楼厅是东西相向的两排平坡，各有三五间之多，西坡是堆栈和柴间，东坡是灶间和下人房舍，是孙秀林自造的。平坡的北端中央是一个圆洞门，顺着东西平坡中间的石板甬道，穿过圆洞门，就是后花园了。

花园占地不广，原是孔家花园的一隅，但也有亭台、假山和鱼池，连同花草树木当是原来主人孔家之物。也算是孙秀林夫妇颐养天年之所了。[1]

"孔家花园"即"庸园"，为孔子第七十三世孙孔庆增（一八三二——一九二二）建于清同治十一年（一八七二）。该园几经扩建，占地数十亩，百里闻名。孔庆增长子孔繁麟（一八五四——一九二〇），亦能自力更生，从商致富，心向风雅，对旧学有相当的研究。但孔繁麟去世后家道迅速败落，其子孔

---

[1] 邵传统、王松生、徐家堤：《东栅孙家厅：绍帮移民孙秀林和其家人》，《乌镇掌故续编》，徐家堤主编，珠海：珠海出版社，2006年，188—190页。

祥生（一八七三——一九三九）不通文墨，不理财务，最终沦落到靠变卖家产度日。将房屋与花园售给孙家的应该就是孔祥生这一代。据其子作家孔另境（一九〇四——一九七二）自述，其父"为一纨绔子弟，不习文墨。祖父逝世后，即将家产挥霍殆尽，并将住屋也售去"①。在其所售"住屋"中就包含有为孙家所购买的部分。

孙秀林自己还没来得及住进新宅就于木心出生不久撒手人寰。直到一九三一年，木心五岁时，在经过一番精心地营建后，孙家这才举家迁入了新居。

---

① 孔另境：《孔另境自传》，《孔另境先生纪念文集》，乌镇孔另境纪念馆编，上海：上海文艺出版社，2014年，347页。

第二章 从学:"少小的我已感知传统的文化"

两位老师言之谆谆，诚心诚意地希望木心今后成为学贯中西的人物。这应该是母亲沈珍的有意安排。正是在他们的精心辅导之下，希腊神话、四书五经、《圣经》，同时成了木心必须背诵的内容。他不仅有系统地阅读了古文，还通过阅读大量世界性的书，逐步建立起了自己的世界观、人生观和价值观。

一、开蒙与就学

经过两代人的经营,孙家在乌镇内外拥有田地达两千亩,家道可谓殷实。木心是家人的掌上明珠,从小锦衣玉食、娇生惯养,受到祖母、外祖母和母亲等长辈的百般呵护,以致长到十多岁尚无独自上街购物的经历。

难能可贵的是,富裕起来的孙家崇文重教,颇有读书的氛围,家人亦普遍具有较高的文化修养。家中还辟有藏书楼,富藏古籍,其中就包括一套九百卷的《全唐诗》。

孙家对子女的教育不分男女,向来十分重视,不仅及时送孙彩霞、孙飞霞进镇上的立志小学读书,待小学毕业后又将她们先后送到嘉兴的省立第二中学就读。家人对木心的教育更是用心,他的开蒙首先就来自家庭氛围的熏陶,家庭成员成为其最初的启蒙老师。据木心自述:

少小的我已感知传统的文化,在都市在乡村在我家男仆的白壁题诗中缓缓地流,外婆精通《周易》,祖母为我讲《大

全家福

乘五蕴论》，这里，那里，总会遇到真心爱读书的人。①

木心很少在文章中提起自己的祖母和外祖母，这里却十分感念于她们对自己阅读上的影响。木心的祖母信佛，会讲《大乘五蕴论》本在情理之中，但外祖母精通《周易》则令人颇感意外。其实首先受教于外祖母的是母亲沈珍，她也曾精读《周易》，还曾在夏天的乘凉之际为木心做过仔细地讲解。木心晚年还清晰地记得母亲教他记诵《周易》的口诀："乾三连，坤六断，震仰盂，艮覆碗，离中虚，坎中满，兑上缺，巽下断。"②这幼年的阅读记忆，一直扎根于木心的心中，令他终身不忘。

木心的开蒙，还来自家塾教师的专业引导。从最基本的蒙学教材到四书五经，木心开始系统地学习中国的传统典籍。他回忆说："四书中，我最喜欢《论语》，五经中，最喜欢《诗经》，也喜欢借《易经》中的卜爻胡说八道"。③幼年的木心已显露出与他人不一样的阅读品位。

不仅如此，木心在学校和家里还开始接触到不少西方著作。他声称自己是读着《圣经》、希腊神话和莎士比亚的作品长大的。这些被他称为是"世界性的书"一直伴随着他的童年少年，使他增长了见识，开阔了视野，初步感受到东西方文化

---

① 《迟迟告白：一九八三年——一九九八年航程纪要》，《鱼丽之宴》，木心著，桂林：广西师范大学出版社，2009 年，94 页。

② 《文学回忆录》，木心讲述、陈丹青笔录，桂林：广西师范大学出版社，2013 年，191 页。

③ 同上。

之间的差异。

此外,一九三四年,木心八岁,正式跟随老师学习中国传统水墨画,开始在纸上用水墨绘画梅、兰、竹、菊等传统素材。他自小羡慕画家,自认为"心理起因,实在不是爱艺术而是一味虚荣,非名利上的虚荣,乃道具服装风度上的兴趣的虚荣,因此仍可还原为最低层次的爱美"①。

一九三二年,木心六岁,进入东栅集贤坊小学就读。集贤坊小学的校长为徐冠英(一八九三——一九七一),原姓施,幼时因家里无力抚养被送给徐姓人家,故改姓徐,取名家城,字冠英,乳名连松。徐冠英十四岁入乌镇中市云绵绸布店当学徒,自学不辍,后就读于桐乡县师资讲习所,毕业后回乌镇集贤坊小学任教员。几年后因工作勤奋,教学有方,升任校长,并与同事李爱文结为连理。徐冠英虽性格内向,却崇尚进步,和族兄、同盟会会员徐家驹(一八八三——一九五四)为莫逆之交,受其影响,笃信三民主义。

在木心入学的第二年,孙德润突然病逝,面对这突如其来的变故,孙家顿时陷入一片混乱之中。在葬礼上,木心亲手书写了一副挽联,字迹清秀,给邻里留下了很深的印象。对于当日的场面,只有七岁的木心表现得有些过于冷淡,对父亲的去世并没有表现出太多的悲哀。他后来回顾说:

---

① 《战后嘉年华》,《鱼丽之宴》,木心著,桂林:广西师范大学出版社,2009年,109—110页。

> 我七岁丧父，只记得家里纷乱，和尚尼姑，一片嘈杂，但我没有悲哀。自己没有悲哀过的人，不会为别人悲哀……①

孙德润在世时，沈珍在婆婆去世后已经开始协助丈夫料理家务，并商请郑七斤之子郑阿海管理田庄。孙德润去世后沈珍更是一人独自挑起了孙家的大梁，不负公婆生前的厚望，将里外打理得井井有条。沈珍一如公婆，笃信佛道，能积德行善。平日则含辛茹苦，督促二女一子课读。就在丈夫去世的这一年，沈珍将木心转到了位于观后街的私立敦本小学就读。

私立敦本小学系乡绅徐棠（一八六六——一九四〇）出资创办于光绪三十三年（一九〇七）。木心就读时的校长是颇负名望的老学究徐期百，此人偏重古文教学。一九三五年，私立敦本小学并入植材小学，九岁的木心又随往植材插入三年级就读。此时的植材小学有十二个班级，学生近四百人。木心在该校就读时的同学有钱履坤、陆渠清、徐家堤、魏午堃、吴柏松、沈罗凡、沈品年等。

植材小学由乡绅沈善保（一八六九——一九三九）出资创建于光绪二十八年（一九〇二），始名乌青镇中西学堂，校址原在东栅孔家祠堂，为当时桐乡县内第一所新式学校。一九〇七年校址迁至北栅奉真道院（北宫），占用三元阁、斗姥阁等房舍办学，更名为乌青镇高等小学，民国后又改作植材小学。在

---

① 《文学回忆录》，木心讲述、陈丹青笔录，桂林：广西师范大学出版社，2013年，594页。

二十世纪三十年代的植材小学(乐忆英提供)

木心之前，从这里毕业的知名人士就有作家茅盾、编辑家孔另境、报人严独鹤等。

学校以儒学为本，西学为用，不仅开设传统经史课程，还新开了英文、体操和数理化等新课。值得一提的是，校图书馆的馆藏十分丰富，除了《古今图书集成》、二十四史等古籍，还有卢学溥捐赠的"万有文库"、茅盾捐赠的"小学生文库"等新派图书。据当年的老校长潘尔昌（一九〇五—二〇一一）回忆，木心是"年龄最小的，但是聪明好学，常到图书馆借阅古书，周末学校演出童话短剧他也会参加"[①]。而对于新派图书，木心也表现出了自己的喜爱。在小学的教科书上就有许多世界名著，一天他读到勃朗宁的《花衣吹笛人》，就感觉非常的喜欢。

木心自述艺术是自己从小最着迷的东西之一。除了喜欢绘画、参加学校周末的童话短剧，他还擅长吹口琴。据钱履坤回忆，木心那时有一只可以双面吹奏的大口琴，一次他俩曾一同去东栅集贤小学给小同学表演口琴。那时候的木心瘦长个子，眉目清秀，就是性格有点内向。

[①] 高玉林：《木心的家世和早年生活》，《木心逝世三周年纪念专号：〈温故〉特辑》，刘瑞琳主编，桂林：广西师范大学出版社，2015年，21页。

二、"过的是近乎亡国奴的生活"

在度过五年相对平静的小学生活后,木心及其家人亦没有逃过日寇的魔爪。随着日军的侵入,原本僻静的小镇从此被打破,伴之而来的将是惨无人道的烧杀抢掠和前途未卜的四处逃难。

一九三七年七月七日,日军悍然发动"七七事变",中日战争全面爆发。八月十三日国民政府为了把日军由北向南的入侵方向引导改变为由东向西,以便长期作战,在上海发起了淞沪会战。国军在坚持了三个月后,以大溃败而告终,至十一月十一日上海彻底沦陷。此后日军乘势长驱直入,攻占了长江三角洲的大片地区。其中有一支部队指向江苏平望,一路南下扫荡,犯下累累罪行。十一月十九日,从平望出发的数百日军由水路进犯乌镇,在西高桥一带闯进民居,强行住宿。其中一小股日军还闯入费姓家中,强奸了两名从青岛来乌镇避难的妇女,户主因躲藏于竹器之中才逃过一劫。次日,日军向东、南、北三栅扫荡,枪杀了医生姚景新、南栅塘坊张金荣、植材小学传达室工友皇甫贻生等十余人。当日上午，日军由水路开往邻镇双林，撤走之前放火烧毁了西高桥两旁民房十数间。

一九三八年年初，百余名日军再度进驻乌镇，扎营在植材小学，学校被迫停课。日军进驻后把课桌椅、教具充当燃料，焚烧殆尽。校园内的树木被砍伐，校舍被拆毁，藏书楼中历年珍藏的图书也被洗劫一空。为了强化控制，日军还在镇区营建了十八处碉堡和哨所，作为营房的植材小学不可避免地也成为其中的一个。

对于当时的动荡局面，木心晚年回忆到：

> 故乡先遭轰炸、炮击、烧杀奸掠，后来就沦陷了，由汪伪政权组织的"维持会"来撑局面，百姓过的是近乎亡国奴的生活。我们小孩子唯一能做出的抵抗行动是，不上日本宪兵队控制的学校，家里聘了两位教师，凡亲戚世交的学龄子弟都来上课，毕竟没有一般小学中学的热闹生动。[1]

据相关史料记载，从一九三八年七月至一九三九年十月，日军先后三次对乌镇进行了疯狂的轰炸，炸死居民数十人，烧毁房屋无数。一九四〇年，日伪军又一次侵占乌镇后曾打算在此开展奴化教育，便在南宫青南小学旧址办学招生。没想到此举遭到乌镇人的抵制，终因报名学生寥寥无几，不了了之。

---

[1]《战后嘉年华》，《鱼丽之宴》，木心著，桂林：广西师范大学出版社，2009年，111页。

家塾虽然没有一般小学中学的热闹生动，但木心并不缺乏同伴。据沈罗凡回忆，植材小学遭日军侵占后，孙母沈珍曾延请东吴大学毕业生沈氏来做家教，他就曾在孙家作为陪读与木心一起学习。其实学生被遣散回家后沈珍为了不让木心因此而荒废学业，共聘请了两位家庭教师来家中授课。他们在木心充满求知欲的年龄出现，给予了少年木心很大的慰藉。

三、家塾教师的门生

木心在考入上海美术专科学校（以下简称上海美专）之前，曾是六个家塾教师的门生。其中有四个先后被淘汰，只有两个是"历久不衰的学问家"。其中一人是前清举人，一人是从东吴大学毕业的沈氏，有关他们的真实姓名，至今不得而知。但由于木心对他们印象深刻，当二十世纪七十年代开始酝酿自传性长篇小说《瓷国回忆录》时，特意安排了两个家庭教师的角色，其中一人取名齐巨伯、一人取名沈景初。可惜此书最终未能完成，读者无缘得见两位教师当年的风采。

尽管如此，在木心笔下还是不时闪烁着他们的身影。他在遗作《海伯伯》一文中写道：

> 教中国古典文的是前清举人，一代名儒，教西洋现代文的是东吴大学早几届的文科学士，杜威博士的高足，二师言之谆谆，诚心诚意要我学贯中西，我却是东风西风过耳即忘，

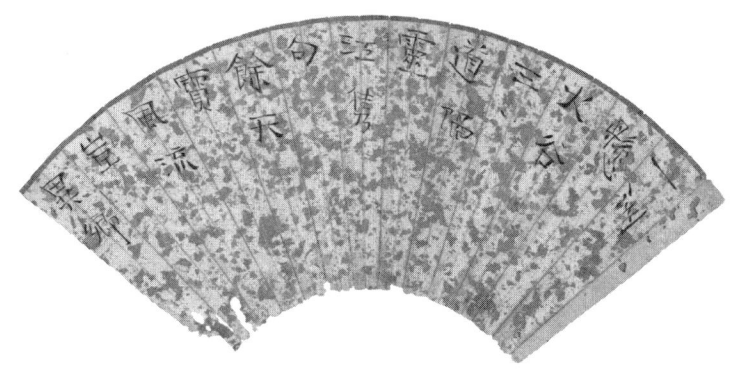

木心少年时代书写的扇面

此心不知道飘到那里去了。①

在木心眼里,这位"前清举人"是位"饱学鸿儒""一代名儒",只是师生之间各得一个"顽"字,师顽固,生也顽劣,不免闹出许多令人啼笑皆非的小插曲。一次,日本轰炸机在头上盘旋,老夫子要木心写"忧国伤时"的诗,一时竟写不出。思索片刻后木心终于作成一首七绝,三四两句是:"大厦渐倾凭擎柱,将何良法挽神州。"老夫子听后不免摇头:"束手无策,徒呼奈何?"木心答:"有策。"老夫子复追问:"什么策?"木心一心想去开高射炮,心不在焉地回答说:"将何、良法,萧何、张良的办法呀。"老夫子闻说又嗔又喜。

另一位教西方著作的沈老师是位新潮人物,早年毕业于东吴大学,获文科学士学位,据说还是杜威的学生。他教木心读《圣经》、希腊神话等,要求所教授的内容必须全部背诵。沈老师告诉木心读《圣经》只要"读熟五记、四福音,就可以了"②。木心很听老师的话,为了便于记诵,还给自己编了一首打油诗:

旧约容易记,创出利民申。

---

① 木心:《海伯伯》,《木心逝世两周年纪念专号:〈温故〉特辑》,刘瑞琳主编,桂林:广西师范大学出版社,2014 年,3 页。
② 《文学回忆录》,木心讲述、陈丹青笔录,桂林:广西师范大学出版社,2013 年,72 页。

新约更好办，一同四福音。

第二句五字其实是"五记"即《创世记》《出埃及记》《利未记》《民数记》和《申命记》的首字。或许正是因为沈老师的引导，木心自幼对《圣经》情有独钟，他说"少年时一触及《圣经》，就被这种灵感和气氛所吸住"[①]，以致一生中反复阅读达上百次而不倦。有意思的是，木心并未因此而成为基督教的信徒，他是把耶稣视为"一位绝世的天才，道德与宗教的艺术家"，声称"我的文学引导之路，就是耶稣"，而《圣经》则是绝佳的文学作品。

两位老师言之谆谆，诚心诚意地希望木心今后成为学贯中西的人物。这应该是母亲沈珍的有意安排。正是在他们的精心辅导之下，希腊神话、四书五经、《圣经》，同时成了木心必须背诵的内容。他不仅有系统地阅读了中国的古书，还通过阅读大量世界性的书，逐步建立起了自己的世界观、人生观和价值观。对此木心曾不无感慨地说：

> 我想，我常常想，如果没有这些西方吹来的影响，我会是怎样一个人？每次都想不下去。
>
> 西方人如果没有接受东方文化的影响，是欠缺、遗憾，而东方人如果没有接受西方文化，就不止是欠缺、遗憾。是

[①] 《文学回忆录》，木心讲述、陈丹青笔录，桂林：广西师范大学出版社，2013年，70页。

什么呢?亚洲、非洲、拉丁美洲的一流作家,谁接受欧罗巴文化深,谁的自我完成就更出色,如有例外,外到哪里去?现代文化的第一要义是整体性。文化是风,没有界限。我们只有一个地球,只有一个教师。我的开口奶是白牛奶,但这之前,中国文化的黄连和蜜水也喂过我呀——如此回顾,好像真的找到了我的起点(不能讲是终点)……西方文化是我的施洗约翰,美国是我的约旦河,耶稣一直在我心中。[①]

木心晚年为自己能够在儿时就较为全面地接受到东西方文化的熏陶而感到庆幸,这无疑也为他今后一心想要出国去看一看埋下了伏笔。

[①]《木心谈木心:〈文学回忆录〉补遗》,木心讲述、陈丹青笔录,桂林:广西师范大学出版社,2015年,139—140页。

四、"得了'文学胃炎'症"

在少年木心的书单里,有很大一批书借自茅盾书屋。茅盾书屋是木心的命名,它其实是沈家老屋后面的三间平房。一九三三年七月下旬,茅盾(原名沈德鸿)从上海回乌镇为去世一年的祖母除灵,发现这三间平房已经坍塌,出于想"躲到这里写作"的目的,遂与夫人孔德沚商议,打算对其进行翻修。孔德沚十分支持丈夫的这一想法,她对茅盾说:"房子修好了,妈妈可以搬进去住,你那一大堆洋装书,也可以搬一些到乌镇存起来,免得搬一次家受一次罪。"[①]等到第二年春,茅盾再次从上海送母亲回乌镇时便请来黄妙祥,同他商量翻修后院这三间平房的事,还亲自画了一张新房草图供黄妙祥参考。

黄妙祥是沈家泰兴昌纸店的经理。该纸店是由当年还在汉口经商的沈焕(茅盾曾祖父)汇款给长子沈恩培(茅盾祖父)一手开办的。纸店坐落于乌镇镇中心的应家桥北塊下岸,两间

---

① 《一九三五年记事》,《我走过的道路(中)》,茅盾著,北京:人民文学出版社,1984年,269页。

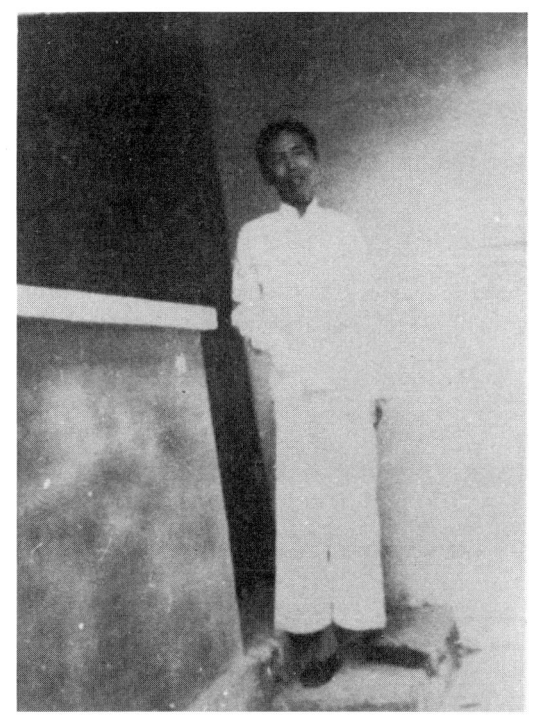

一九三四年茅盾在"茅盾书屋"前（陈杰　提供）

店面面街临河，以经营纸张、摺簿、锡箔为主。开店伊始，纸店的经理是沈焕的一个侄子，沈培恩则负责监督业务。但两人均不善经营，待一八九七年底沈焕回乡安度晚年时，盘查店务后撤了两人的职，同时提拔了当时只是纸店刀手（切纸工）的黄妙祥为经理。沈焕于一九〇〇年秋逝世，三子分家后泰兴昌归沈恩培所有，但沈恩培无意经商，仍由精明能干的黄妙祥继续任经理。

一九三四年秋，新房子在黄妙祥的操持下，历时半年终于翻修一新。茅盾为此亲自回乌镇"验收"，他在感到十分满意的同时，也对黄妙祥的才干表示了赞许。随后的冬天和第二年的春天，孔德沚在上海、乌镇之间来回跑了多趟，从上海运回了一批家什和十几箱书。据茅盾回忆其中包括一套商务印书馆出版的百衲本《二十四史》。

少年木心痴迷于阅读，他说"我的'自救'，全靠读书，'书'是最神奇最伟大的"[1]。他一边在家人和家庭教师的指导下系统地阅读中国传统经典，同时从茅盾的藏书中读到大量的外国著作。他自述："少年在故乡，一位世界著名的文学家的'家'，满屋子欧美文学经典，我狼吞虎咽，得了'文学胃炎'症，后来想想，又觉得几乎全是那时候看的一点书。"[2]

大量欧美文学经典的阅读将木心引领到了另一个别样的

---

[1] 李宗陶：《木心：我是绍兴希腊人》，《南方人物周刊》，2006年第26期。
[2] 《海峡传声·答台湾〈联合文学〉编者问》，《鱼丽之宴》，木心著，桂林：广西师范大学出版社，2009年，20页。

文学世界。木心自小心目中的诗人就是雪莱、拜伦、普希金,他从书上的插图看到他们外形秀丽,大多卷发,穿着大翻领衬衫,手里还拿着鹅毛笔。在木心眼里,诗人就应该是这个样子的,他常常为他们的形象而入迷,羡慕不已。

叶慈也是木心的偶像,一听诗人的名字,就神往。但他觉得自己的气质和品位,更接近瓦莱里。他也偏爱波德莱尔,翻来覆去读《恶之花》和《巴黎的忧郁》。"我家后园整垛墙,四月里都是蔷薇花,大捧小捧剪了来,插在瓶里,摆书桌上,然后读波德莱尔,不会吸鸦片,也够沉醉了。"①

十三岁那年他还读到了《鲁拜集》的译本,凭本能觉得好,爱不释手。他也将郑振铎主编的《文学大纲》通读了几遍,后来在纽约开讲《世界文学史》,几乎全凭这时候的阅读记忆。

更令木心感到意外的是,他不仅在茅盾的藏书中见到许多带着外国作家和中国五四新文学作家手迹的签赠本,好多古籍上还留有茅盾批阅后留下的圈点、眉批和注释。这些都令木心怦然心动:

> 世界文学经典是诚惶诚恐的一类,高尔基题赠、巴比塞们签名惠寄的是有趣的一类,五四新文艺浪潮各路弄潮儿向茅盾先生乞政的是多而又多的一类,不少是精装的,版本之讲究,在中国至今还未见有超越者,足知当年的文士们确凿

---

① 《文学回忆录》,木心讲述、陈丹青笔录,桂林:广西师范大学出版社,2013年,602页。

曾经认真，曾经拼力活跃过好一阵子。古籍呢，无甚珍版孤本，我看重的是茅盾在圈点、眉批、注释中下的工夫，茅盾的传统文学的修养，当不在周氏兄弟之下。看到前辈源远流长的轨迹，幸乐得仿佛真理就在屋脊上，其实那时盘旋空中的是日本轰炸机，四野炮声隆隆，俄而火光冲天，我就靠读这许多夹新夹旧的书，满怀希望地度过少年时代。①

书上留下的这些文学前辈的手迹，对于一位文学少年来说显然发生了某种潜移默化的影响，在少年木心的心中埋下了带着温度的文学种子。木心曾说"老家静如深山古刹"，是"书本告诉我世界之大无奇不有"，而"丰富的人生经历是我所向往的"。②可以说，茅盾的藏书打开了木心的心灵世界，将他的目光引领到了更为广阔的文学视野，也安顿了少年躁动而又无处安放的青春。

正因为茅盾的藏书满足了少年木心的求知欲望，木心是把茅盾书屋当作自己的"嫏嬛福地"的，乃至到了晚年依然对心中的这片精神家园有着清晰的记忆：

> 沈家的老宅，我三日两头要去，老宅很普通，一层楼，

---

① 木心：《塔下读书处》，《木心谈木心：〈文学回忆录〉补遗》，木心讲述、陈丹青笔录，桂林：广西师范大学出版社，2015年，30—31页。

② 《海峡传声：答台湾〈联合文学〉编者问》，《鱼丽之宴》，木心著，桂林：广西师范大学出版社，2009年，21页。

砖地,木棂长窗,各处暗沉沉的,再进去,豁然开朗,西洋式的平房,整体暗灰色调,分外轩敞舒坦,这是所谓"茅盾书屋"了,我现在才如此称呼它,沈先生不致自名什么书屋的,收藏可真丰富——这便是我少年期间身处僻壤,时值战乱,而得以饱览世界文学名著的娜嬛福地了。①

木心能够如此顺当地借得茅盾的藏书事出有因,原来"那年月,沈宅住的便是茅盾的曾祖父特别信任的黄妙祥一家人……黄家住着就是管着,关于书,常有沈氏别族子弟来拿,不赏脸不行,取走则等于散了,是故借给我,便算是妥善保存之一法。"②再加上木心对这些书爱护有加,对破损的还会动手"补缀装订",所以作为长辈的黄妙祥很是放心,还夸奖木心,说他看过的书比没有看过的还"整齐清爽"。

和绝大多数被毁的书籍一样,茅盾书屋的藏书同样难逃被毁的命运。一九四六年茅盾从香港回到上海后本打算回乌镇一趟去祭拜母亲的坟墓,但一直抽不开身,拖到七月才决定让孔德沚一人先去。四五天后孔德沚回沪,带回了两箱已长霉点的洋装书,"告诉我,后院三间平房内的家具已荡然无存,都被三叔(沈叔庄)变卖了。这两箱书是从夹墙里取出来的。母亲去世后,三叔发现家里有那么多书,就害怕起来,耽心里面有

---

① 木心:《塔下读书处》,《木心谈木心:〈文学回忆录〉补遗》,木心讲述、陈丹青笔录,桂林:广西师范大学出版社,2015年,29页。

② 同上书,30页。

抗日的内容,而这种书又不能卖,只好藏到夹墙里。几年下来,线装书都霉烂了,只剩下这些外国的洋装书"[1]。

木心对这批书也很惦念,毕竟温暖过他的童年和少年。改革开放后,身在大洋彼岸的他不知从哪里听闻乌镇要起造"茅盾图书馆",一时勾起他对世事无常的感叹:"这是好事向上的事,可惜那许多为我所读过、修整装订过的书,历经灾祸,不知所终了,不能属于一代又一代爱书的人们了。"[2]

---

[1] 《抗战胜利后的奔波》,《茅盾全集》第36卷《回忆录二集》,钟桂松编,合肥:黄山书社2014年,660—661页。

[2] 木心:《塔下读书处》,《木心谈木心:〈文学回忆录〉补遗》,木心讲述、陈丹青笔录,桂林:广西师范大学出版社,2015年,37页。

五、写作初露锋芒

自一九三七年十一月乌镇被日军占领后，木心多次随家人前往绍兴、嘉兴等地避难。一九四〇年，他们再一次避居嘉兴，这期间得到了亲戚邵传统（一九一八—二〇〇六）的帮助。孙家在嘉兴的房屋就是邵传统代为租赁的。邵传统是木心小姑妈的儿子，两人是表兄弟，虽然相差九岁，但关系一直很融洽。邵传统学眼科出身，数年前就先到嘉兴开办了一家禾光眼科医院，在病患中已小有名气。

木心一家住在天后宫弄的燕诒堂。沈珍为了不耽误儿子的学业，除了将其送入一所模范小学就读，还在家里继续为木心讲授诗文。木心曾回忆，逃难期间就是母亲教他读了杜诗：

> 教我读杜诗的老师，是我母亲，时为抗战逃难期间。我年纪小，母亲讲解了，才觉得好，因此闹了话柄：有一次家宴，谈起沈雁冰的父亲死后，他母亲亲笔作了挽联。有人说难得，有人说普通，有人说章太炎夫人汤国梨诗好（汤是乌

镇人),我忍不住说:

"写诗么,至少要像杜甫那样才好说写诗。"

亲戚长辈哄堂大笑,有的认为我狂妄,有的说我将来要做呆头女婿,有的解围道:童言无忌,童言无忌。更有挖苦的,说我是"四金刚腾云,悬空八只脚"。我窘得面红耳赤,想想呢,自己没说错,要害是"至少"两字,其他人根本没有位置,亲戚们当然要笑我亵渎神圣,后来见到,还要问:

"阿中,近来还读杜诗么?"①

木心对杜诗推崇备至,视杜甫为"中国最大的诗人",晚年甚至对杜甫更是做过崇高的定位:"如果抽掉杜甫的作品,一部《全唐诗》会不会有塌下来的样子。"②而这份挚爱的种子,正是母亲在逃难时为他播种下的。

居住在嘉兴期间,一家人闲暇时就到南湖游玩,嘉兴城内的北大街、张家弄、寄园,都留下了木心的足迹。或许是嘉兴的学习与生活激发了木心的写作欲望,这期间他开始了俳句的创作,为此嘉兴被他称作是"俳句的诞生地"。

十四岁之前,木心在写作上就接受了正规的训练。至于写作的内容,新派的沈老师会出"精神生活之诠释"之类的新

---

① 《文学回忆录》,木心讲述、陈丹青笔录,桂林:广西师范大学出版社,2013年,265页。

② 《噎语》,《琼美卡随想录》,木心著,桂林:广西师范大学出版社,2009年,46页。

民国二十二年（一九三三）《时代》杂志上的嘉兴南湖（范笑我 提供）

话题,西席老夫子则要求写"小勇与大勇论"等老题目。到了十四岁,木心对五绝、七律、四六骈俪已能应付自如,当堂交卷。明里仍然跟着老夫子写些传统的文体,暗地里已写起了白话新体诗。

以下是目前可知的,木心一生中创作的第一首现代诗,一直被他自己默记于心:

时间是铅笔,
在我心版上写许多字。
时间是橡皮,
把字揩去了。
那拿铅笔又拿橡皮的手
是谁的手?
谁的手。

此外,写于这一时期的诗作还存有另外两首:

其一
天空有一堆
无人游戏的玩具,
于是只好
自己游戏着
在游戏着,

在被游戏着。

其二
画一座琪花瑶草的无人岛，
画许多白帆向它飘
这也是膏笔的圆谎么

写作的快感激励着木心，给他带来了无尽的快乐。"从此天天写，枕边放着铅笔，睡也快睡着了，句子一闪一闪，黑暗中摸着笔，在墙上画，早晨一醒便搜看，歪歪斜斜，总算没逃掉。"①这类文字"渐渐积多了，就在嘉兴、湖州、杭州、上海的报刊上发表。记得有次寄出稿件后，卜了一签——'小鸟欲高飞，虽飞亦不远，非关气力微，毛羽未丰满。'好厉害！上帝挖苦我，我不再写诗而专心画图了"②。

少年木心写作能力的养成除了有教师的指导，也少不了家人之间的相互切磋。他后来在接受采访时谈起过一件与姐姐彼此切磋写作的往事：

小学时代，我的作文还真不错，我说："姐姐，帮我开个头！"姐姐便执笔破了题，我说："你这样写，叫我怎样

---

① 《海峡传声：答台湾〈联合文学〉编者问》，《鱼丽之宴》，木心著，桂林：广西师范大学出版社，2009年，16页。

② 同上书，16—17页。

接得下去呢？"姐姐嗔道："真笨……"她承之转之，全文已得四分之三。我说："唉，最后的感想最难了！""有什么难。"她又捉笔瑟瑟草就扔给我，我赶快称赞："姐姐真聪明！"看到她的笑容，便知下次求她再写是不成问题的。①

从木心与姐姐的嬉闹中，可以看出少年木心已深谙文章的谋篇布局之道。他将十四岁视为自己"开始正式写作"的时间。"弄个笔记本，什么都写，不停地写——一写写到五十多岁，都算准备期。"②

也是在十四岁这一年，木心与湖州的一个女孩开始通信，交流读《圣经》的心得。这个女孩被他称作是"文字交的朋友"，彼此虽然没有见过面，但持续通信前后达五年之久。女孩全家信基督，从中学到大学上的都是教会学校。他们不知因何而相识，每周互致一信，内容主要围绕《圣经》展开。她的信字迹秀雅，文句优美，为木心所钦慕。

但两人对《旧约》与《新约》的认识却存在较大差异。女孩坚持认为《旧约》的文学性胜过《新约》，因为《新约》是用希腊文写的，耶稣在世时犹太人说的希腊语已不纯粹，"四福音书"的作者虽然热诚忠恳，到底不能形成文学。而《旧约》

---

① 《海峡传声：答台湾〈联合文学〉编者问》，《鱼丽之宴》，木心著，桂林：广西师范大学出版社，2009年，15页。

② 《文学回忆录》，木心讲述、陈丹青笔录，桂林：广西师范大学出版社，2013年，1009页。

是希伯来人的语言，文字与思想天然和谐。木心的看法正好相反，他力主《新约》的文学性和思想性都要胜过《旧约》。他认为耶稣是位绝世的天才诗人、文学家，他的襟怀与情怀不是希腊文、希伯来文所能限制。他用以布道的文字修辞巧妙，充满灵感，象征的意义似浅实深。他的人格力量更是充沛到万世，放射不尽。耶稣不仅是众人的基督，更是文学的基督，道德与宗教的艺术家。在信里，两人各自节引《圣经》中的语句企图说服对方，女孩引《旧约》，木心就引《新约》，这使得两人把《旧约》《新约》反复看了一遍又一遍。木心还在信中列举了法国作家纪德等人的例子，从中论证他们作品的精粹全出于《新约》。其实木心本人的创作又何尝不是如此呢？

通信日久，不免生情。后来他们便相约在苏州的东吴大学会面，等来的却是"幻想破灭"。再后来女孩转入南京神学院，两人从此失去了联系。木心说："《旧约》没有能使她爱我，《新约》没有能使我爱她。"[①]当木心在回忆起这段初恋时，我们依然能从话语中感觉出他无限的遗憾。

---

① 《文学回忆录》，木心讲述、陈丹青笔录，桂林：广西师范大学出版社，2013年，70—71页。

── 第三章　出走："一心要做知易行难的艺术家" ──

抗战的胜利，像一剂强心针，使早已死气沉沉的杭州城顿时活力四射。人们在战乱中压抑得实在太久，无论是官方还是民众都需要一场足以驱散恐慌与寂寥的狂欢。被木心所最先觉察到的是文化界的动静，杭州城内呼地冒出许多画画儿的、编报的、演戏儿的，一时间热闹非凡。这些人大多从大后方回来，九死一生，不免要以胜利者自居，显出意气风发的样子。而木心这个惨绿少年，初入"文化界"，一时竟难以适应。但为了心中的"画家梦"，他还是看样学样，努力周旋于其中。

一、"浮氽在雾气纲缊的梦想里"

日军盘踞乌镇期间,常去四乡扫荡,烧杀抢掠,弄得生灵涂炭。据作家孔另境所述,一九四〇年九月十三日日军放火焚烧全镇,"计自十三日起至十四日晚止,共烧两日一夜,把一条青镇精华的东街完全焚毁。我家适处东街,不获幸免,房屋全部焚去,庸园亦波及摧毁"①。

孔家着起火来,为避免孙家受灾,沈珍冒险发动家人参与了救火。孙家在孔家之东,两家之间有一扇窗户是连着的,沈珍一面叫人赶紧把佣人的被子放在水里浸湿后挡在窗户上,一面亲自带着男女长工们跑到孔家去救火。孙彩霞和丫环杏珍则被她安排在家里,看守那扇窗户。经过大家的一番努力,孙家在这场大火中终于幸免于难。

自避居嘉兴后,木心一家会时不时地潜回乌镇,料理家务。所幸孙家在此次火灾中逃过一劫,得以保全门户。但日寇的肆

---

① 《庸园劫灰录》,《庸园新集:孔另境自述散文》,孔另境著,孔海珠编,上海:上海文艺出版社,2006年,163页。

意杀戮还在继续，惨无人道到了令人发指的地步。

　　一九四三年一月二十八日，日寇制造了骇人听闻的"乌镇惨案"，五十三名乌镇居民被押往江苏吴江，最后被集体枪杀于严墓镇，仅一人死里逃生。近一个月后消息才传回乌镇，经严墓商会向日军宪兵队交涉后，才勉强允许死难者家属前去认领尸体。家属认领回的尸体仅三十余具，当棺木从北栅运回时，哭声遍及全镇，哀号响彻四栅，闻者无不动容。日寇对乌镇进行的这一次集体屠杀，像阴霾一样笼罩在小镇居民的心中，久久挥之不去。

　　面对蹂躏，少数人不甘屈服，进行了应有的反抗。一九四一年乌镇四乡的游击队不时在镇上出没。日军熊谷部队慑于游击队机动灵活的战术，龟缩在南栅河西张家花园里面的巢穴中，一二人不敢轻易上街。十月三日下午，五名日军带领翻译胡公敢和姘妇杨阿凤、情报员韩田娜去东栅搜查，行经孙家所在的财神湾时，碰到一九二师隶属于一一一八团的班长李宗海。李立即向敌人掷出一枚手榴弹，当场炸死胡公敢和一名日军。为了报复，日军借口居民中藏有游击队，当即放火焚烧化坛桥至财神湾一带，并架起机枪，不许居民救火。这期间杀害平民一人，打伤两人。大火自中午烧起，烈焰冲天，通宵达旦，共烧毁房屋一百多间。

　　但对于绝大多数手无寸铁的普通老百姓来说，随着国土的大片沦丧，逃难已无处可去，于是人们只得听天由命，各回故乡，继续过着近乎亡国奴的生活。作为亲历者的木心对那一段历史有过刻骨铭心的切身感受：

日本侵占中国江南，始时国民纷纷逃难，到了全部沦陷，人们又各回故乡，谨慎苟且度日，忙于对付各种苛捐杂税，脸色凝重，道路以目。大小城市百业萧条委顿，偶有伪饰的繁华，所谓"共荣圈"的骗局把戏，显得力不从心，心不从力。被侵略者与侵略者都渐渐知道局面既长而不会维持太长，你的好梦就是我的噩梦，那么你的噩梦便是我的好梦，一种骎骎八年变得又僵硬又软靡的等待心情，弥漫整个江南。乱世必有的普遍的虚幻感，使"时值非常，一切从简"成为那年月最流行的礼节性的托辞。自然景象虽则四季如仪，而清明节扫墓，同时祭奠为国捐躯的阵亡将士，中秋节赏月，家破人亡能有几处称得上团圆，山川卉木都一色惫顿恍惚，是人的心情的投影吧。而我的年龄规定我没心没情，天资鲁钝，稍遇凶衅便如鱼失水。也因为我已一厢情愿地沉湎于艺术的水里了，可是我还没有鳃，只宜浮浮在雾气缊缊的梦想里。①

木心所具有的那种"虚幻感"应该是每一个身逢无休止战乱的普通老百姓所共同具有的心理感受。面对异族的践踏，他们只能任凭命运的支使，显得无助又无奈。当人们都在惶惶不可终日的时候，文弱而敏感的木心只能"一厢情愿地沉湎于艺术的水里"，以此方式纾解内心的恐惧，寻求心灵的寄托。

---

① 《战后嘉年华》，《鱼丽之宴》，木心著，桂林：广西师范大学出版社，2009年，108—109页。

二、决心出走

一九四三年,木心虚龄十七岁,按照当时的风气,是到了可以成家的年龄。自从父亲孙德润英年早逝后,木心作为孙家独苗,备受母亲沈珍的疼惜。为孙家延续香火,也成了沈珍心中头等的大事。但木心对此并无兴趣,一心向往无奇不有的世界和丰富的人生经历。他的内心一天比一天惶急,预感"再不闯出家门,此生必然休矣"[1]。

自从请了家庭教师,在他们的精心辅导下,木心愈加偏爱于绘画和看课外书。"画,已是'西洋画',素描速写水彩,书,是'五四'以来成名的男女作家的散文和诗,以及外国小说的翻译本,越读越觉得自己不济,人家出洋留学,法兰西、美利坚、红海地中海、太平洋大西洋,我只见过平静的湖。"[2]显然,

---

[1] 木心:《海峡传声:答台湾〈联合文学〉编者问》,《鱼丽之宴》,桂林:广西师范大学出版社,2009年,21页。

[2] 《战后嘉年华》,《鱼丽之宴》,木心著,桂林:广西师范大学出版社,2009年,111页。

阅读为木心打开了一扇了解世界的窗户，由此他也渐渐萌生起走出去看看的念头。这种念头，随着木心年龄的增长，变得愈加强烈起来。

再加上木心从小喜爱画画，所以希望选择一所艺术类的专门学校继续深造。但家里希望他读法律或医学，木心坚决不愿意学那些，于是遭到了整个家庭的反对。家人的这次强烈反对在木心的内心留下了阴影，这也成为他下定决心离家出走的直接原因。

木心要去的是杭州，想报考的是国立杭州艺术专科学校（简称杭州艺专）。

作为省城的杭州，木心并不陌生，因为幼年时曾经随父母来游玩过。那是在抗战之前的几年，江南一带风调雨顺，连年五谷丰登，市场一派旺相。作为种田大户的孙家，遇上这样的年景，自然洋溢着丰收的喜悦。每当春秋佳日，孙德润就会带着一家人到杭州游玩，漫步白堤，"坐划子"，上三潭印月，饱览西湖的大好风光。木心和家人坐在船里，温飔拂面，波光耀眼，只见清秀恬静的白堤上有杭州艺专的学生在写生。他们穿着白色的画衣，面前驾着A字型的画架，架上是芋叶般的调色板，时而上前涂抹几笔，时而退身端详，再上前，履及剑及，显出得心应手的样子。这一切，都被年幼的木心看在眼里，记在心中。木心视他们为"陆地神仙"，深深地被他们身上所散发出的艺术气质所倾倒。

木心从八岁开始学画，只能在纸上用水墨写写梅兰竹菊，从没想过有朝一日能够以五色油彩借麻布表现湖光山色。"然而儿童心理匪夷所思,会将其渴欲得到的东西,置于不合常理的高度难度上,假装畏惧退却,激起满心冤愤之气。"①于是他暗暗在心中发誓:有朝一日,"我一定要在西湖的白堤上撑起三脚架,手托调色板,风吹画衣——"②。

木心后来将自己童年时代对画家的羡慕归结为"不是爱艺术而是一味虚荣",他说:

> 童年的我之所以羡慕画家,其心理起因,实在不是爱艺术而是一味虚荣,非名利上的虚荣,乃道具服装风度上的兴趣的虚荣,因此仍可还原为最低层次的爱美。西方十九世纪的音乐家、诗人,起初打入我心坎的也是郁茂的鬈发,百合花瓣似的大翻领,瀑布般的围巾,紧身而洒脱的黑外套,认为只要长得稍稍有点像他们的模样,再加上如此这般的一身打扮,那么,作曲写诗是没有问题的。我之所以艰难困苦,都在于得不到这全副穿着,同样道理,我之所以不成其为画家,自应归咎于没有画架画箱调色板帆布面的三脚凳白色的画衣,画,当然画得好,不好也不要紧,反正已经是艺术家了。③

---

① 《战后嘉年华》,《鱼丽之宴》,木心著,桂林:广西师范大学出版社,2009年,109—110页。
② 同上书,110页。
③ 同上书,110页。

三、"走我自以为是的'路'"

木心于一九四三年春去了杭州,住在城内盐桥附近的蘋南书屋。蘋南书屋的窗下是一条浑浊的小河,对岸有一家织席厂,整日机声轧轧。虽然环境有些嘈杂,但与相对闭塞的小镇相比,木心已是得偿所愿。

蘋南书屋的主人姓袁,木心称之为袁老夫子。他是木心姐夫王济诚的业师,家富收藏,精于鉴赏。木心刚来时,老夫子常去他房中夜谈,看过木心作的山水花卉和隶真行草后,很是赞赏,认为"孺子可教"。木心的日常生活请了一个女佣在帮助打理,自己独进独出,"一心要做知易行难的艺术家"。其实木心决计去杭州时,已经听闻杭州艺专迁往内地的消息。但他还是毅然决然地选择出走,"抱着投考艺专的心情和意图"奔赴杭州。

杭州艺专创立于一九二八年三月,原名国立西湖艺术院,后改称杭州艺术专科学校。学校由时任国民政府大学院院长的蔡元培所倡导,首任校长为林风眠,旨在培养艺术人才、倡导艺术运动、促进社会美育。初设绘画、图案、雕塑、建筑四个系，学制为五年。一九三二年增设了音乐系，学制改为六年。校址在西湖孤山下的罗苑。

一九三七年十一月初，日军从杭州湾登录，上海沦陷后杭州告急。杭州艺专于该年十一月十三日奉浙江省教育厅命令，撤退到了诸暨的吴墅。随后数年，经过江西、湖南、贵州、云南、四川五省，辗转播迁十次，于一九四〇年到达重庆。直到一九四五年日本正式投降后，才接到教育部命令，全体复员杭州。

当木心来到杭州时，杭州艺专已经迁离多年，此时已辗转至重庆办学。虽然人去楼空，但木心还是专程去探访了艺专的校园，"时常在平湖秋月、罗苑、孤山、西泠印社那一带踽踽独行"。但这些地方再不见艺专学生写生的身影，他也曾想自己提了画架画箱来摆摆样子，"一酬童年铭心刻骨的梦想"。他还到过苏白二公祠，那里是艺专的学生宿舍，现在"住着些小户人家，儿童在鸡鸭群中枯寂地玩耍，门口晾着衣裤、芥菜、笋干，这景象与'艺术'正相反，唯其相反，使我凝视不去，似乎可以从中讨回艺术来"。①

虽然不能到杭州艺专求学，木心还是自觉地过起了"艺术家"的生活。如前所引，童年的木心之所以羡慕画家，其心理起因乃是对画家画具及服装风度上的兴趣。于是他首先就在个

---

① 《战后嘉年华》，《鱼丽之宴》，木心著，桂林：广西师范大学出版社，2009年，112页。

人着装上来了一次彻头彻尾的转变,脱去了长袍,穿上了藏青哔叽学生装、黑呢西装、花格羊毛衫、灯芯绒裤子等现代服饰,以全盘西化的面貌示人。绘画上他开始专攻油画,走的大致是印象派的路子,特别喜欢模仿法国画家莫里斯·尤特里罗的作品。木心认为尤特里罗的街头风景并非实地写生,更加契合他个人对油画的认知。作画之余,木心每天下午三时到六时照例还要到思澄堂范牧师那里去练钢琴,学费是每月一付的。

此时的杭州,因战乱播迁,市面上散出不少旧书,逛旧书店成了木心生活中一项很重要的事情。木心买旧书几近于疯狂,每天只要上街,总会选购一捆,常常因为搬不动而叫黄包车拉回,这是过去在乌镇从没有体验过的淘书之乐。这时木心"最嗜读"的是欧美艺术家轶事之类的闲书,对这类故事他件件信以为真,看得如痴如醉。特别是十九世纪英、法、德、俄诸国文学家、音乐家和画家的传记,尤其使他入迷着魔。这些励志的故事很契合木心想成为"艺术家"的心里需要,看得多了,自以为"虽不中,不远矣"。直到后来他才意识到许多故事其实是编著者捏造出来逗弄读者的,自己何曾沾着艺术的边,一切都还"表不及里"哩。

不料,木心在杭州走的这些"自以为是的'路'"遭到了亲友们的批评。一天,他接到母亲写来的家书,内示凡是从杭州回乌镇的亲戚长辈,只要见过木心的,都异口同声地认为他单身在外,无人督导,显得"华而不实"。木心深感委屈,因为他觉得与梦想中的"艺术家"相比,自己还"表不及里、里不及表"。在批评木心的亲友中,就有袁老夫子,他写信给王济诚,信中就有一句"华而不实"的话。自从木心弃长衫布鞋而改穿西装革履,因专攻油画而满屋油彩气味,画具画材一片狼藉,老夫子就对木心改变了看法,夜谈也就从此不继了。

不久,沈珍赶到杭州,借口办事,其实是对儿子放心不下,闻风来看看他。木心陪着母亲游览了西湖。沈珍又带着木心到街上购物,给他添置了秋冬大衣各一件、英国纹皮皮鞋一双、瑞士名牌金表一块。她还特意给木心印制了几匣名片,嘱咐他说:

"先一步步学起来,以后就老练,独个子在外面,要懂交际,别让人家瞧不起。"

木心知道母亲的用意,趁势问起"华而不实"讥评的来源,果然是袁老夫子的"高见"。沈珍最了解儿子的性格,看着他,带着鼓励的口吻,笑着说道:

"真的华而不实倒先得一'华',再要得'实'也就不难,从'华'变过来的'实',才是真'实'。"

她又举了王济诚和孙德润做对比:

"你姐夫,实而不华,再说也华不起来,从前你父亲是正当由华转实,无奈去世了,否则我们这个家庭也不致如此。"

沈珍说到这里,突然感伤起来,最后语重心长地说:

"你要'华',可以,得要真华,浮华可不是华……"

显然,母亲的杭州之行对木心起了作用。沈珍回乌镇后木心尝试着与杭州的名门世家子弟交游。"其中擅书画的那些个,

年轻时的沈珍

都各有师承,谨守传统'六法',一派仿作,毫无才气,更使我惶惑不解的是,他们在艺术上根本无视'现代',意识不到欧罗巴(世界性艺术)的存在和发展,而生活享受呢?却来得个会赶时髦,西方物质文明的种种新鲜玩意儿,他们捷手先得,自命不凡,男男女女凑在一起时,像是谈恋爱,又不见得真相干,这种场合和氛围,使我废然退出……"重拾心情,木心仍旧回到藟南书屋做自己的画,"在'印象派''野兽派''立体派'的概念丛里,走我自以为是的'路'"。①

他也渐渐明白西湖边上没有画家在写生的道理,"既然'艺专'因战事迁去内地,杭州就没有主流的'洋画',只有支流的'国画'"②。此时的木心就像离群之雁,一心等着艺专回来,他是多么希望有朝一日能够和他们一起在艺术的天空里结伴翱翔。尽管如此,木心视目前的这个状态为一种自强的训练。而与那些名门世家子弟的交游经验终于使他明白,"浮华"真的只是"浮",而不是"华"。

---

① 《战后嘉年华》,《鱼丽之宴》,木心著,桂林:广西师范大学出版社,2009年,115页。

② 同上。

四、"初步圆了我童年以来萦心不释的'画家'梦"

一九四五年秋,中国人民经过十四年艰苦卓绝的斗争,终于迎来了抗战胜利的曙光。喜讯传到杭州,城里城外一片欢庆的爆竹声。夜晚,人们提着灯到街上庆祝,万人空巷的场面令木心终生难忘。在近乎昏晕的欢欣中,木心预感到随着时势的巨变自己的命运也即将迎来转机。

抗战的胜利,像一剂强心针,使早已死气沉沉的杭州城顿时活力四射。人们在战乱中压抑得实在太久,无论是官方还是民众都需要一场足以驱散恐慌与寂寥的狂欢。被木心所最先觉察到的是文化界的动静,杭州城内呼地冒出许多画画儿的、编报的、演戏儿的,一时间热闹非凡。这些人大多从大后方回来,九死一生,不免要以胜利者自居,显出意气风发的样子。而木心这个惨绿少年,初入"文化界",一时竟难以适应。但为了心中的"画家梦",他还是看样学样,努力周旋于其中。

不多久,杭州成立了"美术工作者协会",木心积极入会,成为该会的会员。"开会时,这些'美术'的'工作者',个个能说会道，握起手来，紧得发痛，还要上下左右摇几摇，自道姓名时，叫'阿大'，叫'阿羊'，在画上签名也就是'阿大''阿羊'，衣着一概平凡朴素，谈论所及，'某某，人很热情'，'这张画，趣味好'——我不免发愣，'热情'，怎么就放在口头上，'趣味'，我却看不出来。他们都画农民、小贩、码头工人、乡村集市、城市路边摊……那事事为首的'阿大'者，画风很像丰子恺，只是太像了一点，而更多更精彩的是搞木刻的，题材总与'革命'有关，我注意看，觉得自己是望革命之尘而莫及，尤其因为读过不少俄罗斯小说，'革命'，非常悲壮，非常罗曼蒂克，转而对于中国式的革命，我有的是好奇心和求知欲，然而一九四几年那光景，杭州地区的'美术工作者协会'，似乎并无特殊的内在性质，大致是一些画画的青年中年人，想在长期的压抑苦闷之后，吐吐气扬扬眉就是了。"①

一九四六年元旦，杭州民众文化馆举行集体性的画展。参展的作品出乎意料地多，其中国画占了很大的数量，而主流却是木刻漫画。木心拿出的是几幅自认为上选的油画风景，画的是树木、教堂、桥、河，均取材于照片上欧洲各国的建筑，似乎巴黎，似乎伦敦，显然是尤特里罗的路数。

画展很热闹，木心亦抑制不住内心的兴奋，筹备期间每天都去参加布展。他在感到自己实地投身社会的同时，又怀疑这种事务性的忙碌算不算"艺术活动"。艺术在木心的心中是无

---

① 《战后嘉年华》，《鱼丽之宴》，木心著，桂林：广西师范大学出版社，2009年，116—117页。

木心参加杭州元旦美展时与版画家杨可扬等合影

比纯粹而神圣的,他视艺术家为仅次于上帝的人。

木心与几位年长者共事,在他眼里他们饱经风霜、深谙世故,虽然或贫或病,但对艺术的热情并不因此而消退。与他们相比,自己的条件算是优越了,可心中却不免自卑。究其原因,是因为"我幼稚无知,虽然读书已不算少,可是书本上所得来的有关艺术的常识、知识、概念、观念,与眼前所接触的人物事物,全对不上号,'阿大''阿羊''热情''趣味'等,与希腊雅典、意大利文艺复兴、浪漫主义、印象派……毫无关系,他们大概生来就是画豆腐浆摊、码头工人、玩杂耍的"①。

画展终于开幕了,看到自己的画作第一次被以画展的名义挂到墙上,木心的内心显得无比地激奋。看着男男女女的观众从自己的作品前走过,驻足观赏,指指点点。木心站在一旁,心中可谓五味杂陈。关于此次画展,目前唯一留存的是一张木心与版画家杨可扬等三人的合影。照片中的木心身着中山装,手上戴着白手套,嘴角泛着笑意,显出意气风发的样子。

《东南日报》对这次画展进行了报道,还刊发了评论文章,认为此次展览非常成功。评论中选取了几位画家的作品作为赞美的对象,其中就提及木心的画作,大意是他的那几幅风景画清丽脱俗,特别是能以中国画的笔法入油画,洵为难得。这给予少年木心极大的鼓舞,使他第一次品尝到了艺术给他带来的成就感。

---

① 《战后嘉年华》,《鱼丽之宴》,木心著,桂林:广西师范大学出版社,2009年,117页。

民国三十五年（一九四六）一月五日《东南日报》上有关元旦活动的报道中提及"元旦美展"

这一次画展对于木心十分重要，他后来将其视为是自己初步圆了童年以来萦心不释的"'画家'梦"。更重要的是，他可以借此反驳亲友们的"华而不实"之论，坚定了他将在艺术的道路上继续前行的信心。

第四章　上海美专:"这是我的艺术之门"

进入上海美专求学后,木心一心投入自己艺术人生的这个"筹备期",很快就融入到了他苦等了三年的学习生活之中。与在杭州时的"道具服装风度上的兴趣的虚荣"相比,此时的木心迫切地想用全新的专业知识和技能来塑造自己。

一、从杭州到上海

木心在杭州苦等杭州艺专,一等三年,却迟迟不见回迁。一九四六年一月的一天,他从报上得知上海美术专科学校(简称上海美专)招生的消息,立即去信报名。没几天他就收到了应试的通知,遂打点行装,准备为了艺术而辗转至上海。

在奔赴上海应考的前夜,木心独自去西湖边的一家餐馆用餐。他爬到顶层,点了西餐,要了一杯葡萄酒,算是为自己践行。静坐湖畔,面对着柳丝嫩黄、柔媚如梦的西湖,过去三年的杭州往事渐渐浮上心头。木心觉得自己在杭州确实认识了很多人,热闹过一阵,但自己与他们却始终无友谊可言。遇事只能独自在蘋南书屋中默默地想,默默地决定,景况实在有些凄怆。之所以麻木而自信,全凭年少时的一点激情和梦想。

他已隐隐地看到母亲对世道的估量已不符合实际。像他父亲一代确凿需要善于交际,讲究体面,但战后的新时代已全然平民化。人们以此为风尚,相互标榜,因为这是"革命"的前提,而这个时代的主题就是"革命"。由此,木心想起那些"轶事"和"传记"里的艺术家们,在他看来他们的不幸,或许才是真正的幸。

那时很流行一个励志的说法:"过去种种譬如昨日死,未来种种譬如今日生。"木心原觉得这样的话文字累赘词义伧俗,此时想起,反倒觉得剀切了。回顾杭州的三年,自己不正是始于懵懂的虚荣心,胡乱地画起油画来,得了机会就拿出去展览,而那《东南日报》的好评也不必较真,无非是记者的例行公事罢了。

三年的杭州生活,使木心前所未有地接触到了社会。但理想与现实之间的距离相差太大,以致木心对"艺术究竟是什么"这样的问题仍然充满了困惑和不解。他说:

> 除却个人的短距离的"生世之叹","艺术究竟是什么"这大疑题更使我不安(因为我已经知道艺术是什么,才决意永别故乡),到了杭州,先遇的是一伙摩登的纨绔子弟,后遇的是成群"美术工作者",是八年战乱使中国自外于世界艺术潮流?抑中国就没曾进入过世界艺术的行列之中?①

诸如这样的"生世之叹"和一系列的艺术之问愈加困扰着木心,对此他还没有找到答案。离别之际,一杯冷酒下肚,极目黑沉沉的夜西湖,白堤上的柳丝间灯光闪烁,木心心中第一

---

① 《战后嘉年华》,《鱼丽之宴》,木心著,桂林:广西师范大学出版社,2009年,119页。

次泛起离家之后"实而不华的悲凉"。

第二天,木心特意穿上了一件藏青哔叽学生装,坐上了开往上海的火车。经过几个小时的颠簸,他终于来到了这个被他称作是"冒险家的乐园"的国际性大都会。这一次的出行,他依旧是孤身一人。但与上一次已经内迁的杭州艺专相比,上海美专是实实在在地在等待着他的到来。

这已不是木心第一次到上海,几年前的一九四二年他就和家人到过这里。那一次他在几本杂志间初次读到了张爱玲的散文,认为"鲁迅之后感觉敏锐表呈精备的"就属她了。可以说上海是给过他惊喜的,带着对新的惊喜的期待,他再一次踏上了这片土地。

上海美专坐落于斜桥菜市路底,那是大都会的南边陲,因为接近乡村,杂乱是可以想见的。对此,木心后来有过绘声绘色的描述:

> 那是大都会的南边陲,接近市郊乡村,空旷安静自不必说,待到亲临实地,此区域不仅是一个庞杂的果蔬鱼肉市场,而且周遭密布着小吃店、路边摊、裁缝、鞋匠、烟纸什货……烟雾迷目,腥臊刺鼻,时值春初雨季,街上满是人、满是伞、满是水潭泥汀、一片可以使街面震动的喧嚣市声——①

---

① 《战后嘉年华》,《鱼丽之宴》,木心著,桂林:广西师范大学出版社,2009年,119页。

与天堂般的杭州相比,这里可算是"红尘乱世"了。后来木心了解到,其实上海美专刚迁到这里的时候,斜桥一带也是小河流水、树木葱茏的。作为迟来者,木心已做好心理准备,要像那些"轶事"和"传记"里的艺术家们一样,"在人间地狱中追求艺术天堂"。

二、"门外汉的阶段就此结束"

走到菜市路底,在木心的眼前矗立着一幢相当宽阔的三层①西式大楼。初来乍到,眼前的一切对木心来说既生疏又兴奋:

> 校舍,正面看是一幢相当宽阔的四层西式大楼,无奈临街,显得商业气,黑漆的铁栅门颇为威严,我跨进去的刹那,心想:这是我的艺术之门,门外汉的阶段就此结束。抬头又瞥见里面的照壁上设有长凳,水泥塑出一个"美"字,由肥肥的十二只尖角组成,校徽便采此为图案。②

上海美专由刘海粟与乌始光、张聿光等创办于一九一二年,起初叫上海图画美术院。一九二三年五月(那时叫上海美

---

① 按:木心误记为四层。
② 《战后嘉年华》,《鱼丽之宴》,木心著,桂林:广西师范大学出版社,2009年,120页。

术专门学校,一九三〇年改称上海美术专科学校)从浙绍公所租借得菜市路附近的永锡堂部分房产和地皮,新建了二百余间校舍。是年九月,校舍建成,西洋画科随即迁入,同时又在此创办了中国画科,此处遂成为该校的一院(另有二院、三院位于不远处)。这一排沿菜市路而建的建筑用地亦租自永锡堂,始建于一九三〇年六月,于当年十一月落成。新楼或因坐西朝东之故,遂名为观海阁。观海阁的一楼是学校各处室办公室,中央部位是过堂门厅,称作一门,亦即学校的正门,门头上是学校校董蔡元培题写的新校名——上海美术专科学校。

木心穿过大门,来到一楼的会客室,推开门,只见五六只鸡咯咯乱叫,破旧的沙发上全是鸡屎。美专早于一九四五年八月在日本宣布投降之后不久即在此筹备复员,至九月十五日新学期开学,二十日正式上课,是为民国三十四学年度的第一学期。尽管教学工作能够有条不紊地开展,但战后的校园内仍然一片狼藉,就像这个国家一样,在元气大伤之后总要一段时间来恢复。

木心根据接待人员的指示来到教务处报名,这里的光线有些幽暗,只见办公室内端坐着一个脸色苍白、须眉乌黑的中年人。他问明木心的来意后,自我介绍说是教务主任。主任一口绍兴官话:

"那么你的高中毕业文凭缴来啰!"

"我考同等学力。"木心答道。

"喔……可以可以,可以的,不过,我们这里学费,每学

上海美专正大门

期要五担米,按五担米折价……"主任边说边上下打量木心。

木心深怕一身藏青哔叽学生装不足以说明自己能够担负起这笔学费,还没等主任把话说完就抢过话道:

"五十担我也付得起。"

教务主任听后笑逐颜开,搓搓手,指指旁边的椅子说:

"请坐请坐,我想,你一定会录取的,是要考插班生还是新生?可以住宿,伙食是由学生会自办的。"

木心选择作为插班生进入三年制西洋画专修科学习,大学程度,在校住宿。就这样,他便成为了上海美专的一年级学生,只是比其他同学晚了一个学期。

他把行李搬进宿舍,一位黑肤方脸的矮个儿倚门招呼:

"哈啰!我姓堂,勃令堂,抽烟吗?"

他边说边递上一包茄立克香烟。木心说了声谢谢,也通报了自己的姓名籍贯。"黑肤方脸"见木心是从外地赶来的,就蔼然关照说:

"阁下初来上海,当然来不及改换新装,霞飞路马斯南路转角上有一家叫'雷蒙'的店里有一件法兰绒夹克,我想起来觉得与你很合适,蓝的,明线,贴袋,不妨去看看,我有一条领带很相配,可以送给你。我姓堂,勃令,堂。"

"黑肤方脸"的真名叫谭正明,松江人,从小是个孤儿,被松江的一户地主收养,从此烙上出身问题的疤痕。谭正明从美专毕业后曾先后在蓬莱区中心小学和新成中学教学,因皮肤黝黑,学生们给他起了个绰号叫"谭黑皮"。平日里西装革履,喝咖啡,抽烟斗,又被同事们戏称为"谭阁下"。

且说人生地不熟的木心对谭正明的热诚很是钦佩和感激,他以为到底是上海人,显得委婉而大方。谭正明那时候就很注重着装,木心定睛一看,发现其发型打扮确实是超潮流的。另外同寝室的还有姓徐的"小猫"、姓姚的"野猫"、姓王的"锅盖"、长脚的"黄沙"、涂脂抹粉的"魏贤",人人都各有仪态风调。他们大都是上海本地帮,把木心这个浙江来的嫩头比得黯然失色。尤其是那位外号"强盗王"的郭姓者,更使木心心惊肉跳:

> 只见他头发蓬勃、颊须鬈曲,而且也戴小小的椭圆眼镜,活像舒伯特,来校时总是怀抱一叠乐谱,身材魁梧,神采飞扬,直觉得十九世纪卷土重来,于是他闪入琴室,大把大把地猛敲键盘;他还写诗,笔名"奥耶",自费印了一本集子叫《葱色的山群》,用红丝带缬起来,我诚惶诚恐地开读:
> 夜,梦
> 我拿起调色板的笔①

但木心对这些本地帮的同学过于的洋派很不以为然,视之为"轻薄花俏"。他认为,这些本地帮的同学未必是本地产物,有些不过是生活在上海的日子久了就成了所谓上海人,而有些

---

① 《战后嘉年华》,《鱼丽之宴》,木心著,桂林:广西师范大学出版社,2009年,123页。

家庭虽已在上海落了地生了根,也没能成长为真正的上海人。"租界上数十年殖民地的洋风欧雨,再加日本人占领前后的'孤岛'妖雾,使年轻一代成为浮离实际的梦游者,他们不爱'艺术',只爱'艺术家',似乎艺术家是可以脱开艺术而独立的,比我儿时的虚荣心还要空中楼阁、全无根蒂,看着他们的健美活跃、顾盼自雄,我一个也不想接近。"①

此外,还有外地帮,他们来自浙江、江苏、四川、河南……其中又以浙江人居多。相对于真正的上海人他们自然是"乡下人"。谚语虽然有云:"乡下第一,跑到城里第七。"但是他们个个都在怎样做个"上海人"上下功夫。只是仍旧学不像,显得别扭极了。比如其中有几个民间诗人,以"白花""白草""白影""白痕"为笔名,练钢琴,画希腊雕像,在浴室中唱歌,很有些不伦不类。庆幸的是,他们人数多,做事克实,彼此联络密切,使得本地帮的势力日渐萎缩。木心认为这是时代气数将要转变的一点先兆。

---

① 《战后嘉年华》,《鱼丽之宴》,木心著,桂林:广西师范大学出版社,2009年,124页。

三、学习生活

到目前为止,木心依然认为凡是有志于艺术的青年,都应该进入专门学校去"科班"一番。他说:

> 学校,是筹备期的"世面",而且永远处于筹备期,真刀真枪的"世面"杀伤力太大,学校里的总还是纸刀纸枪;许多聚在"学校"的名义下,便煞有介事,便可以比较,且是不舍昼夜地在比较,你就能连续收到各种自知之明与知人之明的讯息,是靠这些甜酸苦辣来使天性趋于成熟,"科班"者,意义在于此而非教师的耳提面命当头棒喝。①

木心一心投入自己艺术人生的这个"筹备期",很快就融入到了他苦等了三年的学习生活之中。与在杭州时的"道具服装风度上的兴趣的虚荣"相比,此时的木心迫切地想用全新的

---

① 《战后嘉年华》,《鱼丽之宴》,木心著,桂林:广西师范大学出版社,2009年,121页。

就读于上海美专时的木心

专业知识和技能来塑造自己。

根据学校的教学安排，西洋画专修科上午一概是实习课，下午则全是理论课。理论课包含国文、英文、美术史、透视学、解剖学、色彩学、艺术概论等课程，课堂比较清淡，因为翻翻书就可以应付考试。而教师们讲讲就要嘴上跑马车，扯到物价高、薪水低、老婆又要生孩子等国情家事上去。由于战后百业萧条，教师们不免就要抱怨自己的行业收入低，甚至说一些气馁的话，劝大家不要去学艺术。

实习课的风气则不然，从石膏素描渐进到人体素描及油画创作，其中还间隔性地穿插水彩、粉笔和速写。实习课是在观海阁的三楼上的，那里有六间实习教室。一直到了晚年，木心仍然留恋着这学生时代的生活习惯：

> 晨起盥洗，早餐既毕，换上浆洗一清的衬衫（多数是纯白），打好领带，擦亮皮鞋，梳光头发，挟着画具健步经长廊过走道上楼梯进教室，教授总是先在那里了，衣着更为严谨。我们的C教授终年一身黑西装，白衬衫、黑领带，无懈可击；薄型皮鞋和狭边呢帽，一望而知是法国带回来的；右手无名指上白金的钻戒款式古雅，巴黎十年养成的飘逸深沉，先成了我们的楷模。①

---

① 《战后嘉年华》，《鱼丽之宴》，木心著，桂林：广西师范大学出版社，2009年，122页。

木心所说的"C教授"是留法画家陈士文。陈士文（一九〇七——九八四），字器先，浙江仙居人。他早年从国立西湖艺术院国画系肄业，一九二八年自费进入法国里昂美术学校攻读西画，因受到时任南京国民政府大学院院长蔡元培的青睐而转为公费，得以继续留学。一九三七年回国，开始执教于上海美专和新华艺术专科学校。一九四一至一九四五年任国立英士大学艺术专修科教授、科主任。抗日战争胜利后仍回上海美专和新华艺专任教，在上海美专担任西画教授。

从以上这段回忆性的文字中已能感受到木心对这位陈老师的喜爱与敬佩之情，陈士文也因此成为木心怀着尊敬回想的两位绘画恩师之一[①]。木心后来也和陈丹青提起过陈士文，据陈丹青回忆：

"上课走进来，总归笔挺，白衬衫、黑西装。"画得怎样呢？"几件静物一摆，清爽，不啰嗦。"说及此，木心慨然："当年我们对陈先生表示佩服，你晓得他怎么说？他说：'不过毕加索、马蒂斯而已！'"[②]

显然，陈士文在木心心中是值得尊敬的老师，也是一位极

---

① 按：另一位是林风眠。
② 陈丹青：《绘画的异端：写在木心美术馆落成之后》，《木心研究专号（2016）：木心美术馆特辑》，木心作品编辑部编，桂林：广西师范大学出版社，2016年，139页。

陈士文

具风调与风范的人物,为此将他作为了自己学画与做人的楷模。木心与陈士文走得颇近,课间休息时,木心会和其他同学一起拿着画册去请陈老师品评讲解。他总是娓娓道来,如数家珍,臧否人物分别等级时却又毫不假借。他的一些观点被木心铭记在心,比如他认为:胆大,会成为大画家;胆小,只能做小画家。他的这些高见常"使我们这群男孩女娃气壮神旺、自负日高,而论素描基础之奠定,他又说画桃子要连桃的茸毛也画出来,大家又为之瞠目结舌"①。

那么木心在上海美专求学时的成绩到底怎么样呢?二〇一五年,笔者经多方求索,终于在上海市档案馆所藏之上海美专的档案资料中发现了木心在该校求学期间的成绩单,正可以填补这份空白。

这批成绩单在上海美专的档案中共分两批,有五个学期,非常直观地向我们展示了木心在上海美专的学习状况。首先是《私立上海美术专科学校一九四五学年度第一学期至一九四六学年度第二学期各系科组学生成绩表》,起始时间为"一九四五年八月起至一九四七年七月止"。这之中包含了三个学期的成绩。第一学期为"一九四五学年度第一学期"②,该学期的成绩表题为《三十四年度第一学期各系组学生学业成绩操行等第总

---

① 《战后嘉年华》,《鱼丽之宴》,木心著,桂林:广西师范大学出版社,2009年,122页。

② 按:开学时间为一九四五年八月。

册》①,详查后发现没有木心的资料。据南京艺术学院一九八一年十一月二十五日为木心开具的《学历证明书》显示,木心是一九四六年一月才进入上海美专的,而笔者也正是在《三十四年度第二学期各系组学生学业成绩操行等第总册》②中找到了木心在该校求学期间的第一份成绩单。本学期各科的成绩如下:

三十四年度第二学期各系组学生学业成绩操行等第总册
三年制专科西洋画系
孙牧心

		平时	考试
理论	国文	80	80
	英文		90
	色彩学		78
	艺术概论		70
	平均分数		79.5
实习	素描	80	85
	平均分数		82.5
	学业总平均		87
	缺席		24
	操行等第		甲

根据这份成绩单我们可以获知如下信息:一、木心此时用的名字是"孙牧心",这是目前可知的这一名字最早的使用时间③;二、木心就读的是上海美专"三年制专科西洋画系",这

---

① 按:"三十四年"为民国纪年,即一九四五年。
② 按:本学期开学时间疑为一月。
③ 按:笔者发现,"孙牧心"亦是木心在上海美专求学期间的通用名。

与《战后嘉年华》一文中所说的"三年制西洋画专修科"基本一致;三、本学期木心所学的科目有"国文""英文""色彩学""艺术概论""素描",与其他同学的成绩进行对比,木心的成绩总体上名列前茅;四、该专业的课程设置分为"理论"和"实习"两大类,这与《战后嘉年华》中的描述基本吻合。

第二份成绩单是民国三十五(一九四六)年度第一学期①的,各科的成绩如下:

三十五年度第一学期各系组学生学业成绩操行等第总册
三年制西画系
孙牧心

		平时	考试
理论	国文	78	90
	英文	75	70
	透视学	80	80
	平均分数		77.2
实习	素描	90	
	水彩	80	90
	平均分数		87.5
	学业总平均		82.35
	缺席		4.5
	操行等第		乙

---

① 按:八月开学。

根据这份成绩单我们可以获知如下信息：一、与上学期对比，"国文""英文""素描"仍在学习中，新增的科目有"透视学"和"水彩"；二、"缺席"所得分数甚低，"操行等第"被评为"乙"，需要指出的是，本学期大多数同学的"操行等第"均为"乙"，这应是与近年上海美专的学生运动异常活跃而校方为此加强了管制有关。

第三份成绩单是民国三十五（一九四六）年度第二学期①的，各科的成绩如下：

三十五年度第二学期各科组学生操行成绩总册
三年制西画系
孙牧心

		平时	考试
理论	国文	90	80
	英文	68	70
	解剖学	75	
	透视学	82	75
	平均分数	77.50	
实习	人体	87	89
	水彩	82	80
	缺席	34	
	操守等第	甲	

① 按：疑为一月或二月开学。

根据这份成绩单我们可以获知如下信息：一、与上学期对比，"国文""英文""透视学"和"水彩"仍在学习中，新增的科目有"解剖学"和"人体"；二、"缺席"的分数回升，"操行等第"提高。

最后两份成绩单在《私立上海美术专科学校一九四七学年度第一学期至一九四七学年度第二学期各系科组学生成绩表》中，起始时间为"一九四七年八月起至一九四八年七月止"。

其一为民国三十六（一九四七）年度第一学期①各科的成绩：

三十六年度第一学期学生成绩总册
三年制西洋画组一年乙级学业成绩及操行名次缺席记分名册一览表
孙牧心

		平时	考试	平均
理论	国文	80	70	75
	英文	60	80	68
	解剖学	72	78	75
	美术史	96	92	94.4
	平均分数		78.1	
实习	水彩实习	85	90	87
	人体实习	92.4	90	91.44
	平均分数			89.22

---

① 按：疑为一月或二月开学。

接上表

	学业总平均	83.66
	缺席	20.5
	操行等第	乙上
	名次	73.41

根据这份成绩单我们可以获知如下信息：一、与上学期对比，"国文""英文""解剖学""水彩""人体"仍在学习中，新增的科目为"美术史"；二、"操行等第"被评为"乙上"，偏低。

其二为《三十六年度第二学期学生成绩总册》中的民国三十六（一九四七）年度第二学期①的成绩单，仍保留有"孙牧心"一列，但只有"缺席"一栏标有成绩为"二十五"，其他科成绩则阙如。

---

① 按：疑为一月或二月开学。

第五章 校内校外:"青春必须动"

木心坦言:"上海美专无疑是我快乐的淘气竞技场,与往昔踽踽独行在西子湖畔的惨绿少年已经判若两人,青春必须动,静的青春往往流于自残。"他虽然看不上本地帮,对外地帮也有些恨铁不成钢的意思,但对外地同学中活跃的一批"文艺工作者"却心存好感,并且与他们越走越近。

一、投身学生运动

木心坦言:"上海美专无疑是我快乐的淘气竞技场,与往昔踽踽独行在西子湖畔的惨绿少年已经判若两人,青春必须动,静的青春往往流于自残。"①他虽然看不上本地帮,对外地帮也有些恨铁不成钢的意思,但对外地同学中活跃的一批"文艺工作者"却心存好感,并且与他们越走越近。

其实,战后上海美专的学生群体颇为复杂,潜藏着两类神秘人物。一类是"职业学生",其真实身份是国民党指派到美专的特工人员,专门监视美专学生的思想动向。另一类就是倾向革命的进步学生,他们在中共地下党领导下有组织地开展一系列的学生运动。他们中的好些人都在从事木刻创作,加入了相关的文艺协会,拥有自己的刊物,在校内外已经具有了一定的知名度。他们的年龄比木心稍长,着装朴实,往往是一身蓝布学生装,脚穿车胎厚底的皮鞋,速写夹子是用粗麻布包起来

---

① 《战后嘉年华》,《鱼丽之宴》,木心著,桂林:广西师范大学出版社,2009 年,121 页。

的，喜欢阅读和谈论鲁迅的书，精通时事，消息灵通。木心称他们为"文艺工作者"，对他们有过详细的描述：

> 与"海派"的轻薄花俏相比，此类"文艺工作者"就显得朴实正经。他们较年长，有相当丰富的社会经验，因而深谙人情世故，看准中国将要"大变"，他们选择的是"大路"，无疑算得是胸怀"大志"的了，他们自有驾轻就熟的生活方式，几个"自己人"聚在寝室里，男的旁边是女的，女的旁边是男的，差不多全属同乡，抽烟，打趣，一碗阳春面你吃一口我吃一口，葱油大饼我半只你半只，烟雾弥漫，人形东倒西歪……万一你有什么事找他们，敲敲房门，里面就轰然大笑，认为外面敲敲门里面说"请进"是"资产阶级"，而他们自己是直闯别人的寝室，根本不先叩门，以示与"资产阶级"决裂。①

在木心的同学当中，尤以夏子颐、陈沙兵、葛克俭三位温州籍学生最为活跃。

夏子颐（一九一八—二〇〇〇），字贤洛，别名立如。一九三二年就读于永嘉瓯海中学，一九三四年进入施公敏画社学习中国画，结业后任小学美术教师。一九三九年参加中华民族解放先锋队，开始自学木刻。一九四〇年，夏子颐与

---

① 《战后嘉年华》，《鱼丽之宴》，木心著，桂林：广西师范大学出版社，2009年，125页。

张怀江、陈沙兵、夏子颐、葛克俭一九四七年在上海美专合影

潘仁、金逢孙、野夫为浙江省合作事业促进会所作的三套色大幅《合作年画》，由该会出资印成一万张，分发各县合作社。一九四一年参加组织战时永嘉木刻通讯社，主编出版有学生作品《瓯江木剑集》。一九四二年考入东南联合大学艺术科。

陈沙兵（一九二〇——一九七九），原名陈素屏。一九三七年在温州增爵小学任美术教师，开始投身新兴木刻运动。一九四一年组织战时永嘉木刻通讯社，创办《木刻通讯》，并任主编。一九四二年加入中华全国木刻家抗战协会、中国木刻研究会。一九四三年考入英士大学艺术专修科。

葛克俭，笔名葛原。一九二三年生。一九三九年开始木刻创作，一九四〇年六月指导永嘉县镇立广化小学学生木刻创作，编辑出版《广化木刻集》。一九四一年与陈沙兵等组建战时永嘉木刻通讯社，参与《木刻通讯》的编辑。一九四二年考入东南联合大学艺术科。

夏子颐、陈沙兵、葛克俭三人不仅是同乡，而且都热衷于木刻，曾一起于一九三九年参加了浙江战时木刻研究社主办的木刻函授班的学习。后来夏子颐和葛克俭于一九四二年考入东南联合大学艺术科，陈沙兵则于次年考入英士大学艺术专修科，三人又于一九四六年二月一起转学至上海美专西洋画系学习。在到上海美专之前，三人都参加了抗日救亡工作，从事鲁迅所倡导的新兴木刻运动，是中国共产党的外围积极分子。

进入上海美专后不久，三人经施月珍介绍正式加入了中国共产党，一九四六年四月三人遵照上级指示，在上海美专成立了中国共产党上海美专党小组,组长由上级党组织委派的姚永祥兼任。从本年开始,上海美专的学生运动在中共党小组的领导下异常活跃起来。据夏子颐等人回忆:

> 一九四六年五月,党小组引导并组织部分同学举办"'五四'运动文艺欣赏会",观看秧歌舞剧《兄妹开荒》;结合中国木刻协会(即抗日时期的"中华全国木刻界抗敌协会")的活动,组织同学参加"鲁迅逝世十年纪念大会",听了周恩来、郭沫若、沈钧儒、茅盾、叶圣陶、许广平的演讲;组织同学到万国公墓祭扫鲁迅先生墓;邀请文艺家许杰,戏剧家田汉、熊佛西来校讲演;发动同学参加"高尔基逝世十周年纪念大会",又一次听了郭沫若等著名人士的讲演。
>
> 参加进步活动的同学一次比一次增多了。六月二十三日,上海人民举行反内战示威大游行,欢送马叙伦等代表赴南京请愿时,上海美专同学闻讯列队赶上游行队伍,高举"上海美专反对内战"的大幅白布横幅标语,引起人们的瞩目,新闻记者争拍镜头。
>
> ……
>
> 从一九四六年下学期起,美专党组织以上海美专学生互助会名义为学校和同学做了许多有益的工作。……这一时期,

我们充分运用漫画、木刻、宣传画和活报剧等艺术手段作为有力战斗武器,积极开展创作活动,取得了很大的成绩。如夏子颐木刻《闻一多》,贺鸣声木刻《心诉》,吴树之木刻《失业者》《流亡》,张怀江木刻《苦力》,葛克俭木刻《消息》《药》(木刻组画),曾景初木刻《检查》和校友麦秆木刻《放回来的爸爸》、陈沙兵漫画《美国佬滚出去》、沈开逸巨幅张贴漫画《巨拳猛击美国佬》等,以及许敦乐、汪志大(现名汪子豆)、顾生岳、陈力萍、戴铁朗、孙牧心、周富华、洪世清、郑光耀、庆宝华、蔡璜、丁洁因、方莉莉、沈韵鹃、史济利、邹启枚、陈曼生、陈延龄等许多同学精心制作的漫画、木刻都被随时磨印或复制油印成千百张传单随着示威、游行队伍散发、张贴。许多木刻佳作还参加了当年中国木刻协会举办的每年一届的全国木刻展和出国展,影响十分巨大,不少作品并先后为国内外美术馆收藏,成为历史的见证。

为了配合历次示威游行活动,同学们还根据不同的主题作了许多巨幅宣传画,自编自演活报剧,在校园里,在外滩,在南京路上和示威游行队伍行进的马路上、广场上,都显示了上海美专学生运用多种革命艺术形式为爱国民主运动作出贡献的才能。以孙牧心、杨艺生为骨干组成的上海美专进步话剧团,在一次演出中,杨艺生朗诵了高尔基的散文诗《海燕》,获得高度评价,在学生运动遇到阻力时,同学们每每从中受到鼓舞。①

其中一九四六年十月十九日下午,为了结合中国木刻协会(即抗战时期的"中华全国木刻界抗敌协会")的活动,上海美专党小组组织学生前往辣斐大戏院(后改名长城电影院,已拆除)参加"鲁迅逝世十年纪念大会"。这次大会由中华全国文艺界协会等十二个文化团体联合举行,是鲁迅逝世十年来上海举行的第一次正式的也是最为隆重的纪念活动。木心随同学们一起参加了此次集会。

会场并不大,大约可坐六七百人的样子。虽然时间尚早,但木心和同学们还是早早就到达。会上名流云集,大家不仅见到周恩来、邵力子等政界要人,还有柳亚子、沈钧儒、郭沫若、茅盾、叶圣陶、许广平、马叙伦、夏衍、冯乃超等文化界名人出席,但更多的是像他们一样的青年学生、教师和职工。年纪稍长一点的人还清晰地记得十年前鲁迅去世后在万国殡仪馆举行的吊唁活动,对送葬队伍前面"民族魂"三个大字更是印象深刻。而多数像木心一样的年轻人,并没有赶上那个悲怆的时刻,今天能有机会参加纪念大会,内心是既感到幸运又无比兴奋的。

舞台后方悬挂着由中华木刻协会的丁聪、沈同衡、麦秆等

---

① 夏子颐、吴平、朱瑚:《风雨战斗迎黎明:回忆上海美术专科学校地下党的斗争》,《南京艺术学院史》,王秉舟主编,南京:江苏美术出版社,1992年,287—291页。

鲁迅逝世十年纪念大会现场

几位年轻画家集体创作的巨幅鲁迅木刻像。木刻像最突出的是两道浓眉和炯炯有神的双眼,使人立即想起"横眉冷对千夫指"的名句。

在纪念会上,很多人发表了演说,其中尤以周恩来的演讲影响最大。木心也见到了茅盾,与少年时所见到的相比老了不少。茅盾还认得木心,告知仍住在山阴路,有空可以去找他。他演说时因是乌镇口音,特别是"兄弟,兄弟"的口头禅给木心留下了特别的印象。当几日后他与黄妙祥之子黄阿全到茅盾家再次见到茅盾时还就其演说时的"窘困之状"提出了自己的看法,他是希望茅盾有办法摆脱演说时吃力的困境。

十一月二十五日,木心和美专的同学们又一起前往郊区的万国公墓瞻仰鲁迅墓。作为当事人之一的王伯敏在其所写的《瞻仰鲁迅墓》一文中,对当年的往事有过回顾:

> 一九四六年十一月二十五日这一天,我们男女同学事先约好,三三两两分头去上海郊区的万国公墓,瞻仰鲁迅先生。当时白色恐怖,大家的行动,无不小心翼翼。临出发时,年长一点的同学夏子颐(当时是地下党员)告诉大家:"一定要注意盯梢的人,如果在中途甩不了可疑的盯梢特务,宁可回校,装作没事,千万不能再前往。"幸好这天没事,大约十时许,大家陆续到齐了。

瞻仰鲁迅墓（一）

瞻仰鲁迅墓（二）

在墓前，我们向鲁迅像行三鞠躬礼，然后我们合影留念。

那时，鲁迅墓没有怎么特别的营建，简单而朴实。墓地鸦雀无声，也没有别的来人。墓地长满了青草。一位有心的女同学，事先做了三朵纸花，从袋中取出，插在墓前，一下子，使这座伟人的墓显得更有光彩了。我们大家都很严肃，心情也很沉痛。因为抗日战争刚结束，国民党又在发起内战，这，教人如何不愤怒，又教人如何不心伤。有一位女同学竟悲伤到哭泣了。

……

老照片中的十二位青年自左至右是：王伯敏，张小泯，方莉莉，葛克俭，丁洁因，汪伦英，林晓丹，孙牧心，陈沙兵，冯方晖，夏子颐，郏奇丙。①

王伯敏（一九二四—二〇一三），别名柏闽，笔名田宿繁，斋号半唐斋，浙江台州人。一九四六年六月插入上海美专西画系学习，一九四七年七月毕业。王伯敏所提及的合影就是现在在乌镇东栅木心故居纪念馆的生平馆里展出的那帧木心与王伯敏等十二人或立或蹲在上海鲁迅墓旁的合影（一）。此外，存世的还有另外一帧也拍摄于同一时间但十二人均为站姿的同款照片（二）。

王伯敏在上海美专只读了一年书，但与木心走得颇近。据

---

① 王伯敏：《瞻仰鲁迅墓》，《老照片（第三辑）》，济南：山东画报出版社，1997年，105页。

王伯敏晚年回忆，其笔名"田宿蘩"即是木心当年为了保护他，主动帮他取的：

> 我的笔名，一度用过"田宿蘩"，这是同学孙牧心给我起的。当时，民主运动高涨，"白色"恐怖。他知道我买了不少进步书籍，出于好心，将我所买的进步图书，只要有"王伯敏"签名的，一一添加笔画。如"王"，两旁加两竖，即成"田"；又"伯"字，上加宝盖头，即成"宿"；又"敏"字，上加草字头，下加"系"，即成"蘩"。同学们无不以为妙。①

由此可见，玩文字游戏，向来就是木心的喜好和强项，其奇思妙想，当年就受到同学们的赞赏。一九四七年七月，王伯敏从上海美专毕业后就去了杭州，经人介绍进入民生中学任教图画课，不久又辗转至余姚师范任教职。几个月后王伯敏便北上考入北平艺专攻读研究生，从此与木心再未有过交集。

---

① 《上海求学》，《王伯敏美术史研究文汇（第三编）》，王伯敏著，中国美术学院编，杭州：中国美术学院出版社，2013年，79页。

二、邂逅茅盾

"鲁迅逝世十年纪念大会"结束后不久,黄阿全从乌镇来上海办事,他先去看望了茅盾,随后又去找了木心。阿全是黄妙祥的独子,子承父业,现在是泰兴昌纸店的老板,他和木心的父亲是同辈,木心称他为"阿全伯伯",因性嗜酒,外号"烧酒阿全"。他约木心去茅盾家叙旧,木心起先不想去,但拗不过阿全的热心,就随他来到了山阴路上茅盾的家里。

一进茅盾的卧室,先入眼的是那床簇新的台湾席。茅盾身穿中式白绸短衫裤,脚上拖着黑皮的拖鞋,显得很高兴。他给木心他们端出茶和巧克力,还有一盘花旗蜜桔。茅盾和阿全聊些乌镇的家常事,木心在一旁一言不发,只顾喝茶。他抬头看见墙上钉着一个用牛皮纸折出三层袋子的笔插,里面斜插着几支狼毫,还有几封信。他突然想起,这样的笔插在乌镇一般的小商店里也有卖。

茅盾见木心沉默寡言,就拿话来逗他。木心一时也不知道说什么好,本想问他何以上台演讲总是"兄弟,兄弟",觉得

太唐突不礼貌,话到嘴边,又吞回去了。因想起纪念大会上茅盾的着装,便问道:

"为什么西装穿得那么挺阔?"

"我人瘦小,穿端正些,有点精神。"茅盾很和善地回答到。

茅盾的回答令木心感到满意,这时又想到了茅盾的胡子:

"留须子也是同样道理吧,周先生也适宜留须子。"木心所说的周先生指的是鲁迅。

"他的浓,好。"

"周先生的文章也浓,沈先生学问这样好,在小说中人家看不出来。"这时才把话题自然地扯到了文学上,木心觉得除了家常话,和茅盾聊天总要谈一点文学才是。

"用不上呀,知识是个底,小说是面上的事。你写什么吗?"茅盾反问道。

"写不来,画画。"木心谦虚地回答。

"阿全说你很喜欢看书?"

"沈先生在乌镇的书,差不多全被我借了,你什么时候回乌镇,或者阿全伯伯这次转去就叫我家里派人送还。我一本也没有带出来。"其实木心心里是想占为己有的,无非是说些客套话,也有表示感谢的意思。

"房子要大修,以后再讲吧,听说你保管得很好,你这点很好,很好的。"茅盾应该是听了阿全的汇报后才这么说的。

话说到此,木心又将话题转回纪念大会上。孔德沚过来沏茶,插话道:

"德鸿，他们叫你去讲演，一次给多少钱？"

茅盾见有后辈在场，就挥挥手，有点不耐烦地说："去去，不要乱问。"

阿全在一旁无法插话，眼看着就要睡着了。木心会意，起身就要告辞。阿全毕竟世故，对小说讲演虽不在意，却提醒木心可以向茅盾讨几本书看。

"要什么书？说吧！"茅盾很热情地问。他拉着木心走到一个全是他新版著作的柜子前。木心信手抽出一本《霜叶红似二月花》。

"要题字吗？"茅盾问。

"不要了不要了。"木心鞠躬告别，从沈家退出，径直走下楼梯。

茅盾夫妇走到楼梯口送客，大声喊道："下次再来，下次来啊！"

走到底楼，阿全悄声问木心："你怎么叫他沈先生？"

"因为他是文学家哪。"木心搪塞道。

这次与茅盾的会面，木心事后反思自己有些过于傲慢和莽撞。他说"之所以肆意发问，倒是出于我对茅盾先生有一份概念上的信赖，不呼'伯伯'而称'先生'，乃因心中氤氲着关于整个文学世界的爱，这种爱，与'伯伯''蜜橘''题字'是不相干的，这种爱是那书屋中许许多多的印刷物所集成的'观念'，'观念'就赋我'态度'，头脑里横七竖八积满了世界诸大文学家的印象，其间稍有空隙，便挂着一只只问号，例如，听到什么'中国高尔基''中国左拉',顿时要反质:为何不闻有'俄国鲁迅''法国茅盾'的呢?"①。

可以肯定是,木心对作为乡里前辈茅盾的态度是尊敬的,但木心对茅盾的文学创作确实又保留了个人的看法。这种看法具有两面性。首先,木心认为"茅盾的文学起点扎实,中途认真努力过来,与另外的颓壁断垣相较,就俨然一座丰碑"②,这是木心从文学史的角度对茅盾地位的肯定。但木心也有犀利的一面,他认为茅盾这一代文学家担当着继往开来的历史使命,可文学创作的实绩并没有达到预期的高度:

> 《幻灭》《动摇》《追求》时期仅是个实验。《子夜》时期,成则成矣,到头来远几步看,那是一大宗概念的附着物。《腐蚀》时期,茅盾渐臻圆熟,然而后来,后来呢,五十年代,六十年代,七十……应是黄金创作期,他搁笔不动,直到日薄西山,才匆匆赶制回忆录,可谓殚精竭力,实则文学之馀事,他所本该写、本能写的绝不是这样一部烦琐的自然主义的流水帐,文学毕竟不是私人间的叙家常,叙得再细致也不过是一家之常而已。③

---

① 木心:《塔下读书处》,《木心谈木心:〈文学回忆录〉补遗》,木心讲述、陈丹青笔录,桂林:广西师范大学出版社,2015年,36页。
② 同上。
③ 同上。

显然，木心对茅盾的文学创作充满了惋惜，但他并没有把所有的责任都推到茅盾个人身上，他很清楚造成这一辈作家在黄金创作期却搁笔不动的原因是什么。因为木心虽然是晚辈，却也是过来人中的一个，如鱼饮水，冷暖自知。

木心对茅盾文学成就的苛刻，源自他对包括五四新文学在内的整个二十世纪中国文学的成绩总体评价不高。他认为"这一百年是文学的荒年"[1]，而"'五四'新文学是民族文化断层的畸形产物，师承断了……所谓新文化时期中国文学，匆匆过客，没有留下可与西方现代文学相提并论的作品"。[2]所以木心用"看不下去"来表达自己对这些作品的态度，在讲世界文学史时也没有将中国的二十世纪文学作为专题来讲，只是偶尔提及罢了。

---

[1] 《文学回忆录》，木心讲述、陈丹青记录，桂林：广西师范大学出版社，2013年，490页。

[2] 同上书，427页。

三、上海美专学生自治会

随着上海各大高校爱国民主运动的迅猛发展，上海美专成立了"争取和平促进会上海美专分会"，陈沙兵被推举为主席，林克松为副主席。由于遭遇种种阻力，促进会的工作根本无法开展。党小组总结教训，认为重要原因之一是没有得到学生自治会的支持，为此必须取得学生自治会的领导权。上海美专学生自治会的领导班子每学期进行一次改选，党小组开始认真对待这件事，紧紧依靠骨干分子，密切联系广大学生，终于取得了连续性的胜利。在这之后的一九四五学年第二学期贺鸣声当选为主席，崔奋波当选为副主席；一九四六学年第一学期林克松当选为主席；一九四六学年第二学期吴树之当选为主席，沈开逸当选为副主席；一九四七学年第一学期周富华当选为主席，李凌云当选为副主席；一九四七学年第二学期扈才干当选为主席。

自从中共地下党掌握了上海美专的学生自治会的领导权后，上海美专的爱国民主学生运动直接在中共地下党的领导下，

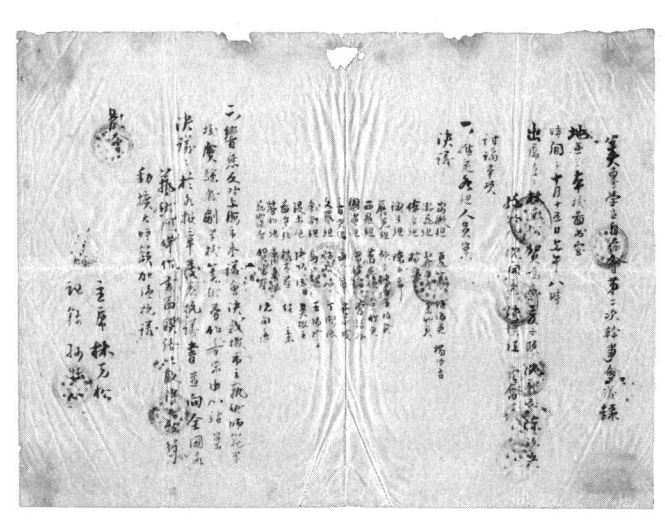

美专学生自治会第二次干事会议录

在学生自治会的周密部署下有序地开展活动，声势一浪高过一浪。二〇一七年，网络上出现一份署名是由"孙牧心""记录"的《美专学生自治会第二次干事会议录》（以下简称会议记录）。该会议记录由毛笔手写，长三十九厘米，宽二十八点五厘米，字迹隽秀，品相完整，直观生动地反映了那个风雨如磐的激情年代上海美专进步学生飞扬的青春风采。

文献显示，会议记录首先依次标明了开会的"地点""时间""出席者"和"讨论事项"。地点为"本校图书室"，时间为一九四六年"十月十五日上午八时"，出席者有九人，分别为：林克松、贺鸣声、夏子颐、沈新民、陈沙兵、孙牧心、沈开逸、张怀江、崔奋波。此外文末落款有"主席林克松"和"记录孙牧心"。从笔迹来看，整张墨迹均出自木心之手。

"本校图书室"即上海美专的校图书馆。一九二五年十月，上海美专在此购地两亩建西洋式三层校舍，于次年六月建成。建筑呈 L 型，折面向东，折面部分的二楼、三楼即是图书馆和书报阅览室。课余时间阅读、作画是师生校园生活最重要的内容之一，这里就成了美专学生进行课余学习的主要场所。

参加此次会议的人员无疑都是该自治会的干事成员，其中有多位与木心是同一个专业（西洋画系，但不一定同级）的同学。目前除了崔奋波的情况尚不清楚，包括前文已经介绍到的三位，其他几人亦能找到或多或少的信息。

林克松是当时上海美专的学生自治会主席，又名林野，生于一九二六年，福建闽侯人。一九四二年考入上海美专西画系五年制学习,一九四七年七月专科毕业,紧接着继续攻读研究生,至一九四八年正式毕业。林克松在校期间得到陈盛铎、刘狮等画家的启蒙,受到陈士文的油画指导。晚年从上海书画出版社离休。

贺鸣声(一九一五——一九八四),浙江台州椒江人。早在一九三五年就考入上海美专西画系,不知为何此时又回上海美专求学,就读于三年制西洋画系。贺鸣声师从倪贻德,专攻西画技艺。一九四六年当选美专争取和平促进会上海分会主席。后到延安,先后进入陕北公学、鲁迅艺术学院学习。解放后任职于浙江省文联。

沈新民,生于一九二四年,浙江萧山人。一九四八年七月从上海美专三年制西洋画系毕业。

沈开逸,生于一九二六年,江苏无锡人。此时就读于上海美专三年制西洋画系。

张怀江(一九二二——一九八九),原名张隆超,浙江乐清人。十一岁在哥哥张龙光辅导下作钢笔画《鹅》发表在上海《儿童世界》。一九三八年,师从郑野夫学习木刻创作,参加"春野木刻研究会"。一九四三年,考入国立东南联合大学艺术专修科学习。一九四五年秋,在乐清中学任美术教师。一九四六年秋,张怀江也转入上海美专就读,同一年参加中华全国木刻协会。一九四七年上海美专毕业后,留校为研究生,由陈沙兵介绍参加中共组织。一九四八年进入浙南游击区,从事宣传工作。一九五〇年调到中央美术学院华东分院任教。

　　此次召开的学生自治会第二次干事会议只是上海美专蓬勃发展的学生运动中的一个环节。根据会议记录可知,本次会议主要安排了两项"讨论事项":一是"推定各组人员案",根据"决议"可知,主要确定了"出版组""卫生组""西画组""国画组""音乐组""文艺组""戏剧组"等十四个组,木心被分配在"文艺组"。二是"响应反对上海市参议会决裁撤市立艺术师范学校实验戏剧学校美术劳作音乐中心站案",为此作出决议:"于各报章发表抗议书,并向全国各艺术团体作书面联络,以取得一致行动,扩大呼吁,加强抗议。"就在随后不久的十月二十四日,上海美专学生自治会将此次会议决议付诸行动,组织了两百多个学生向社会贤达及全市艺术工作者发出呼吁,希望大家能出面主持公道,要求上海市参议会收回成命。①

---

① 《上海文化界:奋战在"第二条战线"上史料集》,金炳华主编,上海:上海人民出版社,1999年,82页。

四、"六五事件"后被勒令退学

从一九四七年开始，上海美专的学生运动就引起了上海市政府的高度警觉，接连对进步学生采取了强制措施。四月，姚永祥、施月珍先后被捕。随后夏子颐、陈沙兵、葛克俭被迫暂时撤离上海，回到浙南。直到八月份，夏子颐接上级党组织的指示，才返回上海美专继续开展学生运动。为了恢复和加强上海美专党小组的力量，上级党组织先后从校外调入了党员华爱丽、李敏和范思廉。

到了一九四七年下半年，"职业学生"成立了北方同乡会，企图分化瓦解进步学生，和中共地下党员掌控的学生自治会分庭抗礼。一九四八年四月，他们又改同乡会为上海美专戡乱建国委员会，扬言要以武力镇压美专的学生运动。该年五月二十七日下午，当进步同学在校园内公开揭露戡建会的真面目、批判他们的反动行径时，隐藏在学生之中的特务分子终于动手行凶，制造武斗，双方发生了面对面的肢体冲突。据夏子颐等回忆，"自从特务'学生'进校之后，开展进步活动便进入更加艰苦复杂的阶段，每前进一步，都必须经过严酷的斗争，但学生会在广大正义的同学支持下，巍然屹立，在不断向敌人的冲击中，取得了一个又一个的胜利"①。

一九四八年年初，上海美专重建党小组，夏子颐被任命为负责人，直至"六五事件"的爆发。

六月五日，为了显示中国人民反对美国扶持日本军国主义的决心，上海全市大中学校一百二十多个团体决定于当天下午二时在外滩举行大游行。在学生自治会的组织下，上海美专学生积极响应号召，经过几天的精心准备，制作了大量漫画和传单以及旗帜标语。中午，就在准备出发之际，校园内突然冒出数十个便衣特务，他们手握手枪、铁棍、木棒、尖刀等凶器，在"职业学生"的导引下，一边打人一边直冲进学生宿舍。这些人一面抢夺财物，一面毁坏准备停当的宣传品，还鸣枪示威，制造了震惊上海的"六五血案"。

在这次冲突中，学生自治会主席周富华在同学们的掩护下化装脱险。沈开逸也在同学们的帮助下最终得以脱身。夏子颐因正在交通大学参加上海学联紧急会议，在返校途中被护送受伤同学的林晓丹和潜出校外的周育洛拦截，方才及时转移，幸免于难。其他学生自治会骨干吴树之、李凌云、卢汉华、林克松、陈力萍、姚白痕、刘鸣、余恩溥等八人被殴打成重伤，并

---

① 夏子颐、吴平、朱琍：《风雨战斗迎黎明：回忆上海美术专科学校地下党的斗争》，《南京艺术学院史》，王乘舟主编，南京：江苏美术出版社，1992年，290—292页。

先后被逮捕入狱。另外还有大批同学受伤。八位被捕同学被以"保护"疗伤为名，关进了提篮桥监狱下属的警察医院。不久，又被转押至上海市警察局和专门拘留政治犯的法国监狱——卢家湾警察分局拘留所。

血案发生后，美专党小组积极营救，首先争取到校长刘海粟的同情与支持，并电告在杭州养病的副校长谢海燕。谢海燕回校后，与流亡校外的学生取得联系，由夏子颐和施达德起草了《上海美专六五流血惨案真相——敬告师长、家长、校友、同学控诉书》，以学生自治会名义四处散发。学生自治会主席周富华、副主席沈开逸会同上届学生会秘书长许敦乐以及骨干木心、史济利、庄宝华、施达德、周育洛、任意，进步学生丁洁因、方莉莉、沈韵鹃、何无奇、杜若、朱瑚、包玉筠、余竹君、刘佐尹、林晓丹、叶芳、陈曼生、杨艺生、汪志大、戴铁朗、晁玉麟、吴建华、陆华平等，分别拜访著名律师史良、民主人士马叙伦、上海市商会主席等社会名流，希望通过他们呼吁当局释放被捕学生。

刘海粟、谢海燕、教务长宋寿昌及王挺琦、洪青等五位教授挺身而出，联袂探监，慰问被捕学生。刘海粟还亲自向上海市长吴国桢提出口头抗议。远在北京的王伯敏和身处温州的葛克俭闻讯后也以校友、同学名义声援营救工作。

木心和同学们在设法营救被捕同学的同时，还要时时防备被追捕的夏子颐、周富华、沈开逸等同学落入魔爪。他与何无奇、周育洛、庄宝华、方莉莉、陆华平、吴建华一起从中联络，奋不顾身地确保几位在逃同学的安全。他们还把征集到的营养品轮流送进监狱，同时带出他们的血衣，这些衣物解放后被作为上海学生运动的实物展出。

当被捕学生被以"危害社会治安、企图颠覆政府"的罪名起诉后，大律师史良为他们邀请了五位律师进行义务辩护，最后特刑庭不得不于十二月十六日宣布"罪据不足"，将被捕学生无罪释放。

在被捕的同学们走出监狱的前几个月，据上文所示的《私立上海美术专科学校一九四七学年度第一学期至一九四七学年度第二学期各系科组学生成绩表》可知，木心已经被勒令退学。就在该学期成绩表中，"孙牧心"的名字边上先后出现两次标注，先是印章体的"留级"二字，后被涂抹，用毛笔改写为"已令退学"四字，字迹清晰可见。这里透露出了一个很重要的信息，即原本入学就晚了一个学期的木心在还没有如期完成应有的学习年限就提前一年离开了上海美专，其原因竟是被勒令退学。无独有偶，本学期被退学的该系同学还有李敏、沈开逸和夏子颐三人，他们也一并在本学期的成绩单中被以同样的方式一一标注。

原来，"六五事件"后上海美专处在严重的白色恐怖之下，中共地下党员被迫外撤，进步力量也随之转入了地下。戡乱建国委员会的气焰更加嚣张，他们组织人员威胁学生，要挟校方，木心等在学生运动中表现积极的几个即被勒令退学。

《南方人物周刊》记者李宗陶二〇〇六年对木心进行采访

时,木心自述是因为参加学生运动被当时的上海市长吴国桢亲自下令开除了学籍。①实情如何,有待进一步考证。

---

① 李宗陶:《木心:我是绍兴希腊人》,《南方人物周刊》,2006年第26期。

五、"我受的艺术教育少量是在校内，
多量是在校外"

木心虽然积极投身于火热的学生运动，但并没有忘记自己到上海美专求学的最初意图。即便最后被学校勒令退学，时隔近半个世纪后，他仍然"还在喜欢还在感激上海美专"。

在木心心里，他要心香输诚谨致悼词的是美专的图书馆的夜晚。图书馆位于观海阁折面部分的二楼，三楼还有一个书报阅览室。图书馆的墙壁上挂着伦勃朗的大幅油画，还有德拉克洛瓦、基里柯、柯罗、塞尚、梵高等大师的作品，虽然是西欧的职业性的临摹之作，功夫却极好，真实度直逼原作。此外墙上还挂着美专教师的代表作，都是他们个人创作黄金期的作品。

夜里，本地的走读生回家去了。外地帮有的在寝室里开些下流的玩笑，有的混迹游乐场，陶醉在夜上海的纸醉金迷中。"职业学生"和"文艺工作者"此刻也已暂时休战，各自干着各自的公事或私事。而这两间立满书柜的屋子，在夜里常由木心一人独占。他时常在这里坐到深夜，除了书，还有一壶咖啡，一袋邻近的泰康公司生产的奶司饼干。灯光静谧，窗外时不时掠

上海美专图书馆内景

过"当当"作响的有轨电车。他只打开一盏灯，各种书籍画册平平摊开，似乎整个的艺术世界都为他所拥有。

其实，最令木心赞赏的要数美专的"传统作风"，亦即那种承继自蔡元培"学术自由，兼容并包"的教育理念。自从一九一九年上海美专成立校董会，蔡元培受聘为校董以后，他就"试图将上海美专按照自己在北大改革的思路去打造，刘（海粟）也积极予以回应，所以上海美专的办学思路与北京大学的教育理念可谓异曲同工"[①]。对于这样的风气，木心曾俏皮地指出：

> 虽然没有什么可容可包却俨然兼容并包，虽然无所谓学术自由你完全可以学术自由，就是由你自己去好自为之，这倒不期然而然地遵循着蔡子民先贤的遗箴。对于顽劣成性散荡成习的我，天时地利人和足够足够了，我在上海美专所享用到的"自由"，与后来在欧美各国享受到的"自由"，简直天海一色，不劳分别，如果你有一分才具，那么再加一分自由，别的还要什么呢？[②]

木心之所以会有这样的感受，源于他自身所存在的矛盾处

[①] 刘安源：《刘海粟与蔡元培交往研究》，《上海美专研究专辑》，刘伟冬、黄惇主编，南京：南京大学出版社2010年，231页。

[②] 《战后嘉年华》，《鱼丽之宴》，木心著，桂林：广西师范大学出版社，2009年，129页。

境。一方面,他因为结识许多有革命倾向的"文艺工作者"而跟随他们投身激进的学生运动;另一方面,他的生活习惯和艺术观点又不为他们所认同,特别是这样那样的规矩和纪律使他难以承受。这就导致木心既随众又不完全合群。这一点我们可以从王伯敏的描述中看得更加清楚:

> 这位姓孙的同学,是浙江桐乡乌镇人,穿着整齐,喜欢读尼采的诗,有点才气,是一个自由主义者,但又积极参加学生会的民主运动,声言要做个无党无派的革命者。有的同学说他有"小资产阶级的狂热病"。他不以为然。他宣扬"世界上只有善、恶,美、丑,光明、黑暗的区别,没有阶级的区别"。①

王伯敏的这段话,笔者认为其重要性在于指出了青年木心"自由主义者"的思想倾向,特别是"声言要做个无党无派的革命者"。这就解开了一直困惑笔者的一个疑问,那就是木心青年时代虽然积极投身于学生运动,并与中共地下党交往甚密,还有过多次合作共事的经历,但他始终没有加入任何党派。

所幸,上海美专新式的教育模式和相对自由的校园氛围还是给木心带来了意想不到的艺术与人文的教育。除了受到专业知识与技能的训练,源于蔡元培和刘海粟的办学理念同样对木

---

① 《上海求学》,《王伯敏美术史研究文汇(第三编)》,王伯敏著,中国美术学院编,杭州:中国美术学院出版社,2013年,79页。

心产生了潜移默化的影响。比如，一九一八年三月蔡元培题赠上海图画美术院"闳约深美"四字，在往后的三十年间就成了上海美专的学训。学校将此四字镌刻成楠木牌匾悬于大礼堂的正墙之上，学生天天耳濡目染，怎会不从中受教呢？当我们回顾木心文学艺术的创作实际时，就会惊喜地发现，"闳约深美"正是其艺术品格中的一个重要的美学特征。此外美专以"诚实"为校训，木心晚年接受采访时被问及作为一个作家最重要的条件是什么时，即答之以"诚"，不也正是对昔日美专教育观的一种默念吗？

但木心所受的教育绝不局限于校内，他说"我受的艺术教育少量是在校内，多量是在校外"，自认为还算"是快乐的，没有虚度嘉年华"[1]。

他周末时常步行到法租界的兰心剧场观看上海交响乐团的演出。上海美专所在的菜市路杂乱不堪，但只要一走进辣斐德路便渐入佳境。再经法国公园，吕班路，霞飞路，一路上覆盖着连绵的法国梧桐的绿荫，恍如步入了另一个清净的世界。

兰心剧场又叫兰心大剧院，一八六七年落成，取名Lyceum Theatre，音译为兰心剧场。兰心剧场先后于一八七四年和一九三一年两次重建，最终坐落于蒲石路迈尔西爱路（今长乐路茂名南路）口。这是一座三层楼的砖石结构建筑，仿欧洲歌剧场式样，看台分上、下两层，上层设有豪华包厢。衣帽

---

[1]《战后嘉年华》，《鱼丽之宴》，木心著，桂林：广西师范大学出版社，2009年，125页。

上海美专学训：闳约深美

间、休息厅、盥洗室,整洁而优雅。作为中国的第一家西式剧场,它增进了中国人对西洋文化和生活理念的认识。其变幻离奇的舞台效果,浪漫瑰丽的布景,新颖的演出形式,更是给中国观众产生了强烈的震撼。

乐团的成员多数是西欧人,指挥叫富华(一译法利国),是一位出色的意大利籍(木心误作英国籍)小提琴家和指挥家。木心很赏识他们的曲目编排,认为指挥和演奏都够水准,难怪曾多次为国际著名的大演奏家伴奏。受其熏陶,听众也达到了相当的水平,能够自觉地保持衣冠整饬,举止文静,演出时的气氛是融洽而和谐的。

剧场里四面是烛形的壁灯,舞台边上有序地摆放着许多的铃兰和康乃馨,它们散发出的甜香令人沉醉而无法自拔。每次音乐会终场后走出剧院,夜深街静,满身的音符散入黑暗的凉风中,因为注意力开始分散,这才觉察到肌腱因为过度僵持而引发的胀痛。木心视兰心剧场为自己的"青春年月的圣地,艺术的礼拜堂",他说自己从音乐中得到的正是贝多芬所谓的"道德勇气"。

他仍然还在大量购书,读的最多的是西方个人主义的哲学思想所凝结的文艺类著作。这类书因为思想无害,为国民政府所许可,于是被大量译介出版。木心经常光顾霞飞路与吕班路角子上的一家生活书店,这里规模不小,明朗有格调,又因为新书进得快,于是成了大家的"福地洞天"。这些译作装帧清丽,译笔精到,为广大知识青年所喜爱。更重要的是,相比于五四初期，大学生面对思想内涵愈加深刻的译作，已能理性选择，各取所爱。

其实，木心在到上海之初，就在虹口区购买了不少日侨遗留下来的物件。其中既有画册，也有大量唱片，光是贝多芬的"第五交响乐"，他就买了六个版本：

> 各种美术道具、各式古典摩登的书框，从希腊、埃及到意大利文艺复兴、浪漫、印象、野兽、达达、抽象……一路下来的各流派的画集《世界美术全集》，价廉物美，如梦是真；还有大量的唱片，可以挑选你最喜欢的乐队、指挥家和演奏家，譬如贝多芬的"第五交响乐"，我买得六个版本，听六位指挥六个乐队的较量，对着总谱，大体上我知道"命运"是怎样一回事了，这样就迫使我逃掉下午的理论课，直奔虬江路。①

木心从这些日侨的物件中直观地感受到了日本人在接纳西方文化时所投入的功夫之大之专之精，他觉得这是当时的中国所无法比拟的。

---

① 《战后嘉年华》，《鱼丽之宴》，木心著，桂林：广西师范大学出版社，2009年，128页。

第六章 幸遇师尊:"我才野性稍戢"

木心自己说过是因为与夏承焘的"诗词往还，我才野性稍戢"。以木心向来精粹节俭的语言，这是审视夏承焘对其影响至关重要的当事人言。一个人对另一个人的影响，还有什么比性格的同化还要来得深刻的呢？

木心也坦言自己受到过林风眠艺术上的恩惠。他当时极渴望与自己同时代的艺术们进行交流，在欣赏其作品的同时，也能亲近其人，从中得到他们的启迪与教诲。林风眠无疑就是这样一位勇猛精进的当世画坛巨匠，此时近在咫尺，正可以追随其后，亲之敬之，彼此慰藉，相互温暖。

一、与夏承焘成为"忘年交"

夏承焘（一九〇〇—一九八六），字瞿禅，晚年改字瞿髯，别号谢邻、梦栩生。浙江温州人。他毕生致力于词学研究和教学，是现代词学的开拓者和奠基人，被赞誉为"一代词宗"。曾任无锡国专、之江大学、浙江大学教授。抗战后南归，先后执教于雁荡师范、浙江大学龙泉分校、温州中学等处。一九四六年元旦，从温州返回杭州继续担任刚迁回的浙江大学师范学院教职。学校设在木心常去的罗苑，夏承焘就住在学院的宿舍里。但那时木心只知夏承焘其名，一直无缘得识。

罗苑又名哈同花园，是英国商人哈同建于一九一九年八月的私人别墅，后于一九二七年三月被国民革命军接收，作为第二十六军政治部留守处。不久经浙江省政府决议没收，拨归国立第三中山大学（后更名为浙江大学）做研究院院舍。一九二八年一月，由蔡元培创办、林风眠出任校长的国立艺术院（次年更名为国立杭州艺术专科学校）成立，经蔡元培出面协调，向国立第三中山大学租用为校址。抗战爆发后艺专内迁，罗苑荒废,至一九四五年抗战胜利后不久被浙江大学收回。

木心与夏承焘结识,应该是考入上海美专后经由夏承焘侄子夏子颐的介绍。据夏承焘《天风阁学词日记》记载,他们第一次见面的时间是一九四七年四月五日。这一天木心随夏子颐和郑德涵到杭州拜访夏承焘,初次见面,夏承焘以刚填的两阕新词相赠。夏承焘还与木心聊起缩小题目能提高文字之理,因讨论颇为深入,打算专门作一文来谈一谈题目的做法。①

木心之前就读过夏承焘的词作,想象中词人一定是潇洒风流的形象。但相见后颇有些失望,木心回忆说:"初见夏先生的样子与我读他诗句中的风流潇洒状颇不相符,他黑黑又不高。"②此时的木心与夏承焘之间无论是年龄还是学识名望均悬殊巨大。年龄上木心小夏承焘二十七岁,因夏承焘老相,以致在木心后来的回忆里夏此时已近六十岁,其实五十岁还不到。

这天午后,木心还与夏承焘、夏子颐、郑德涵一同爬上栖霞岭游览了紫云洞。紫云洞是西湖边上一处天然的石洞,洞外林木蓊郁,洞内怪石峥嵘,是一处难得的清凉佳境。郑德涵(一九一八—二〇〇〇),字君量,号麈翁、查庵、颐一老人,浙江平阳人。年轻时从龙榆生学词,与夏承焘相唱和,毕生从事中学教育,著有《麈庐词剩甲稿》。夏承焘交游甚广,除了本校师生,还有各地的文化名流,数不胜数。而其中有一批非

---

① 《天风阁学词日记〔二〕·一九四七年》,《夏承焘集》第六册,夏承焘著,杭州:浙江古籍出版社,1992年,686页。

② 夏烈:《与木心先生的下午茶》,《出版人》,2006年第4期,58页。

杭州紫云洞

浙江大学的学生如木心、郑德涵这样的也乐于与之交往，慕名问学于他，夏承焘亦能一视同仁，诲人不倦。

木心此时默默无闻，充其量是一个对艺术充满向往的热血文艺青年。而夏承焘已是名闻知识界的浙江大学中国文学系教授，还一度出任系主任，"号称近百年第一词家"。尽管两人如此悬殊，却并未影响彼此之间的交往和交流。

木心与夏承焘的来往比较集中，细翻《天风阁学词日记》，提及"牧心"（木心本名）二字的地方不过三四处，且都聚集在一九四七年上半年当中。时间虽然短暂，但频繁而深入，带有鲜明的问学性质。他们时有长谈，地点多在夏承焘的家中。一次时至中午，夏承焘留饭，还特意给木心多煎了两个蛋。据夏承焘《天风阁学词日记》记录，四月六日与木心"讲庄子游于不得遁而皆存及佛家悲智双修"[1]。一次交谈内容就涉及庄子和佛学这两项深奥的内容，如果时间短促，恐怕是讲不深也讲不透吧。日记中只说是"牧心来，与讲……"，看来还是面对面的单独授课。日后木心在纽约为一帮中国艺术家讲世界文学史时也涉及庄子和佛教的内容，只怕还有夏承焘当年授课的影响。木心在《文学回忆录》中语及庄子时就说过这样的话："我也曾在庄子的范畴里待了很久，然后才施施然走出。"[2]此

---

[1] 《天风阁学词日记〔二〕·一九四七年》，《夏承焘集》第六册，夏承焘著，杭州：浙江古籍出版社，1992年，687页。

[2] 《文学回忆录》，木心讲述、陈丹青记录，桂林：广西师范大学出版社，2013年，205页。

外,木心还忆及在杭州听过夏承焘专门讲《桃花扇》,详情则不得而知。

夏承焘虽不是书法家,但迫于文名,时常有人索字留念,他也乐于应付。对木心,他曾"手抄四福音书中的箴言给我,《葡萄》篇,《梁木》篇,还有'主啊,兄弟得罪我,原谅他七次够了么……'他用来解释儒家的'恕'道,因为夏先生准备原谅我七十七个七次,所以我一次也没有得罪他"[①]。

回上海后,木心与夏承焘仍然保持书信联系,夏承焘的日记中就有给木心发信的记录。书信的内容仍以文事为主,据木心追忆,夏承焘在信文启首会写"木心仁兄大人阁下",每次寄作品来都写"木心仁兄指正"。木心则称呼夏承焘为"夏丈",这是一个既含敬意又不失亲切的称谓。彼此之间的交往甚为融洽而和美,亦是民国那一代文人间交往的实录。

那几年间,木心及其同学时常往来于杭州、上海之间,身影颇为活跃。借着回杭的机会,木心会去探望夏承焘。夏是词人,与之交往,不免叙及词事,甚者还有诗词间的往返唱和。该年八月木心又一次从上海到杭州,专程去拜望夏承焘。"夏丈自释其'浑脱旋如风,眼波无处逢'之句,意指二次国共谈判可堪制泪,看天已'伶俜十年'者,亦感证时势,而非儿女伤心

---

① 《海峡传声:答台湾〈联合文学〉编者问》,《鱼丽之宴》,木心著,桂林:广西师范大学出版社,2009年,20页。

语焉。"①当数十年后,木心漂泊海外,想起这些充满温度的如昨往事时,不由感叹"浮光世事,草草劳劳,荏苒四十年,夫子自道声犹在耳"②。当他听说夏先生仍健在,"桑榆晚兴以流观蒲松龄遗篇为娱遣"③时,心中欣然慰藉。

  回头来看木心与夏承焘之间的交往,后者对前者的影响显得特别显著。这可从木心对夏承焘的念念不忘中看出,更为重要的是,木心自己说过是因为与夏先生的"诗词往还,我才野性稍戢"④。以木心向来精粹节俭的语言,这是审视夏承焘对其影响至关重要的当事人言。一个人对另一个人的影响,还有什么比性格的同化还要来得深刻的呢?

---

① 《西班牙三棵树》三辑·其十五,木心著,桂林:广西师范大学出版社,2009年,145页。

② 同上。

③ 同上。

④ 《海峡传声:答台湾〈联合文学〉编者问》,《鱼丽之宴》,木心著,桂林:广西师范大学出版社,2009年,20页。

二、师从林风眠

在比木心年长一辈的学人中，除了夏承焘，还有林风眠对他的影响同样深远。木心与林风眠结识，是经由好友潘其鎏的介绍。这就要从木心与潘其鎏的相识说起。

潘其鎏（一九二八—二〇一六），福州人，一九四七年考入杭州艺专，师从林风眠，成为其画室的学生。这年八月，木心回杭州，与一班朋友时常去罗苑拜访夏承焘，也会在艺专一带玩耍。有一段时间潘其鎏独自搬到教室里住，每晚可听到学校大礼堂里传来钢琴声。经打听得知是一个叫孙牧心的同龄人在弹，潘其鎏觉得弹得很不错，就时常跑到礼堂外面偷听。那时潘其鎏每天坚持画水彩画，木心也悄悄地来看他作画。在接触了一段时间后，两人便熟悉起来，成了无话不谈的朋友。

林风眠自一九四四年受时任国立艺专校长潘天寿之邀，回到学校任西画系教授。次年又随学校复员杭州。由于校内人事矛盾重重，一九四七年一度离职，并于一九四八年再次被新任校长汪日章请回继续任教。学校实行的是画室制，当时西画系给林风眠、李超士、方干民、吕霞光四人开设了画室，潘其鎏被安排在林风眠画室，跟随其学习绘画。

一九四八年七月，木心被上海美专开除后，随即回到了杭州。当时杭州艺专有个不成文的规定，住校生可以带熟人来学校宿舍内暂住，只要给食堂交足伙食费也可以在里面吃饭。于是木心在去台湾之前的两个月左右时间里，因了潘其鎏的关系得以到杭州艺专附读。也正是因了这层关系，木心才得以认识林风眠，并与之开始交往。

但目前我们对两人一九四八年至一九四九年间的交往情况缺乏详细的了解，只是知道在这期间，木心虽然未和其他人一样时常去林风眠家中聚会，但一直在关注和学习林风眠的绘画作品。一次，在杭州艺专的展览厅内，木心仔细观赏了林风眠创作的几幅作品，其中以紫藤和绣球花为素材的作品，因带着林风眠强烈的个人风格，混杂在大量木刻和油画作品中，显出一派静气，楚楚动人。面对新中国成立后美术界一片红的现象木心是持保留意见且保持清醒的认识的。在他眼里，只有林风眠这样的画家才称得上是大师型的艺术家，绘画风格已臻于大成境界。在木心看来，其风格经历一次又一次的蜕化后，"终于担当了人性中的最大可能"。

木心为此坦言自己受到过林风眠艺术上的恩惠。他当时极渴望与自己同时代的艺术同仁们进行交流，在欣赏其作品的同时，也能亲近其人，从中得到他们的启迪与教诲。林风眠无疑就是这样一位勇猛精进的当世画坛巨匠，此时近在咫尺，正可

以追随其后,亲之敬之,彼此慰藉,相互温暖:

> 当我踽踽在艺专的展览厅内,站在林先生的画前,像站在窗前,清洁的空气施施然透进来,窗外是世界、是欧罗巴、是法国、自由的人的天地……那年代,西方的画集还未遭查抄没收,但已经都藏起来,要看也是偷偷地独览,一切闷在心里,知道这世界范畴的绘画、艺术、文化,依然无恙,而一天天变得远之又远了。作个比喻:西方中世纪和近代的画家们的作品,只能在印刷品上接受迷糊的感应,像罐头食品,牌子、内涵都是极好,而我渴望得到的却是新鲜果蔬,林风眠先生的画,就在这样的性质上,曾经恩惠过我。一个艺术家,与历史上的艺术家的情谊是单向的,艺术在,人已不在。与同时代的艺术家的情谊可以由单向而转为双方,赏其作品,慕其为人,近之,晤之,受启迪得教海,饮其玄奥,效其风范——这就是,一个艺术家虽然有足够多的历史上的先辈可以景仰追随,模仿遵循,但也需要与同代而不同辈的活着的艺术家交往,否则,就有孤独感,甚至悲惶烦躁,以致沮丧颓羸。①

木心从莫干山返城后不久,一天下午他在潘其鎏的邀约下第一次到林风眠在玉泉的家中去拜访。

---

① 《双重悲悼》,《同情中断录》,木心著,台北:翰音文化事业股份有限公司,1999年,129页。

林风眠杭州玉泉旧居（摄于一九四八年）

他们五六个人从罗苑出发，沿着白堤，绕过孤山，只见路边的群柳黄叶纷飞，说明这已是秋末冬初的季节了。一路步行，近玉泉时，就看到一堵灰色的围墙。推门而入，迎面是颇宽敞的院落，居中一幢也是浅灰色的法国式的二层别墅，这就是林风眠的私宅。国立艺术院成立后，林风眠偕眷定居西湖，最初几年租住在葛岭山下的一幢平房内。到了一九三四年，他觉得有择地营建私宅的必要，于是亲自设计并督造了这幢花园洋房，具体位于马岭山下的玉泉道上。此处离学校不算太远，艺专教师林文铮、吴大羽等也相继在这里建了住宅。

院内四周果木扶疏，但都已落叶。楼下正房是客厅，很大，四壁立满书架，上面排列着图书和唱片。中间只摆着几个坐具，是茶褐色丝绒的蒲团，使客厅显得空旷中有点荒凉。木心突然想起当年戈蒂耶去见雨果时的心情——最好楼梯长的走不完，因为自己将晤面的是一位深深崇敬的师尊。不怕他问难，也不愁他拷问，只着急怎样才能让他明悉自己的那一份真诚。木心甚至有点绝望，他担心林先生不会看重他，这虽然是第一次来拜访，但有可能也会是最后一次。

潘其鎏他们是这里的常客，每回来就像回到自己的家里一样，见一楼无人就熟门熟路地冲上二楼。木心是首次来，不免有些拘谨，就跟在了最后。或是听到了学生的脚步声，林风眠嘴里叼着一只烟斗迎了出来。他中等身材，穿着深褐色皮鞋，裤子是爱因斯坦也爱穿的那种圆顶厚底的隐格花呢宽裤，上身是舒松的灰米黄粗绒线高领套衫，头上戴着一顶深褐色的法兰

一九五〇年林风眠在杭州玉泉旧居（潘其鎏摄）

西小帽。见学生来,林风眠脸上布满笑容。木心回忆说,"在红旗成阵,锣鼓喧天,处处高呼万岁,满目军装蓝布人民装的中国大陆,我见到林先生,就等于证明除了红旗锣鼓军装人民装,还有别的可能的'现实'存在"[①]。

二楼是林风眠的画室,呈长方形。作为美术专业的学生,初次来到自己仰慕已久的这位大师型艺术家的画室,木心的内心颇有些激动。他环顾四周,觉得每一个细节都充满了匠心:壁面全蒙着三夹板,取木质的本色。近顶处有几块斜竖的磨砂玻璃,内安乳白色的灯泡。面前的画桌巨大,两侧各放置一盏落地长杆的照射灯。画桌下有一方小氍,其上绣着孔雀开屏的图案。桌上放着宣纸和水粉,在那个时代,用绘广告用的水粉色和合墨汁画在宣纸上画正是眼前这位画家的首创。在木心他们眼里,用这样的材料画出来的画兼具了水墨水彩的清灵和油彩粉彩的浓郁,大家无不惊悦赞叹,以为是一条新的路径。

这一天,林风眠颜颐光润,气色极佳。他很乐于与青年人聚谈,语调虽轻,但很风趣,善于应和学生们的傻气,不时纵声大笑,顺便添几句即景点题的正经俏皮话。他不时抽着手里的板烟,与大家谈起自己曾经去过的巴黎、波恩和佛罗伦萨。这引发了在座各位的无限向往之情,木心就在心中暗暗下定决心:林先生去过的地方,我也将会去。

林风眠为大家准备了点心,煮好后以蓝花粗瓷大碗盛来。

[①] 《双重悲悼》,《同情中断录》,木心著,台北:翰音文化事业股份有限公司,1999年,131页。

木心觉得自己一直处于昏昏状态中,又要看画,又要看画家,又要说话,又要品味环境。不久前在莫干山上过的还是单调枯索的日子,"突然羼入颜色音响形象的漩涡中,流动太快,应接不暇,既愿意这样无休无止地进行下去,又希望早些脱出氛围,由我独自走在秋风萧瑟的西湖白堤上"①。

木心将此次登门拜访林风眠视为自己一生中最难忘的时刻,他敬爱这位艺术家,并学习模仿他的风格,他曾经就是为了他创办的艺专才决然出走乌镇的。但从此他没有再去第二次,当别的同学、朋友还是时常去做客,来邀他同往时,他总是说"不想去"。对于他来说,是想站在一个更为恰当的角度打量这位师尊。这是木心对于任何一位前辈所持的共同的态度。木心后来曾谈起自己和林风眠的关系,他自信而坚定地说:"我和林风眠既是师生也是朋友,我们很谈得来,他喜欢我,我在绘画风格上受他的影响。"②木心在林风眠心中确实留下了很好的印象,他认可作为画家的木心,只是觉得他更像是一位洒脱的诗人。

---

① 《双重悲悼》,《同情中断录》,木心著,台北:翰音文化事业股份有限公司,1999 年,133 页。

② 曾进:《海外作家木心独家专访:"我不是什么国学大师"》中所引木心的话,《外滩画报》,2006 年 3 月 5 日。

第七章 解放前后:"此心耿耿欲何之"

当一切开始尘埃落定，旧的已经打破，新的秩序就要建立起来的时候，木心突然发现自己心中始终葆有的还是对文学艺术的那份痴情与热情。辞职，于是成为他理所当然的选择。在他看来，中学教师的职业是一种温暖、安定、丰富的"常人的生活"，这种生活对于他所追求的艺术是有害的，他不要。他真正需要的是"凄清、孤独、单调的生活"，以为这才是艺术家应该拥有的生活状态。福楼拜曾说过："如果你以艺术决定一生，你就不能像普通人那样生活了。"木心于是听从了福楼拜的话。

一、避走台湾

一九四八年九月，木心启程前往台湾，落脚于台南麻豆总爷糖厂子弟学校，住在该校的宿舍里。在台期间他的身份就是这所学校的美术教师。关于此次台湾之行的动机，据沈罗凡所述，是受上海美专地下党委派去完成一项"秘密工作"，而糖厂子弟学校美术老师的身份只是一种掩护。

目前尚不知"秘密工作"的详情，但由于木心钟情于塞尚，特意前往嘉义写生，完成了一批塞尚风格的风光画。在此期间，最令木心感到意外的是遇见了失联一年的老同学席德进。

席德进(一九二三—一九八一)，四川南部县人。五岁习画，十七岁进入成都省立艺专，后转入国立杭州艺专西画系，师从林风眠。木心与席德进最早相识于一九四七年暑假。那时他从上海美专回杭州过暑假，虽然有家，却不去住，喜欢和艺专的学生厮混，大家经常在一起游泳、爬山、打牙祭，闹些闹不大的纯洁笑话。

木心虽不是艺专的学生，但视从美专转学来的学生为老同

一九七九年林风眠与席德进在香港相逢时合影

学,而艺专的学生算是新同学。一次他好奇地问新老同学中谁画得最好,大家异口同声地说是席德进,于是木心带着质疑对席德进特别关注起来。有一天,夏日卓午,木心在学生宿舍凭窗闲眺,只见席德进在炽烈的阳光下走来。渐进,彼此视线相接,相互只点了点头。

艺专早先设有音乐系,二十世纪三十年代拥有成排的琴室,每当学生练琴,仙乐飘飘,那已是西湖上的旧时韵事了。等到木心他们的时候,这里只剩礼堂台角的一架立式的"莫扎特"钢琴。练琴者一个接一个,前后交替之际不免要攀谈几句,木心正是在这个时候与席德进有了第一次的交谈,话题无非围绕贝多芬、肖邦及其音乐之类。木心也是第一次较为清晰地观察席德进,他中等身材,宽肩方脸,头发短短地散盖在额头上,活像个小沙弥。两人初识,互相之间并没有留下好的印象,彼此都没有把对方放在眼里。当时木心经常穿着白球衫白短裤白麂皮快靴,这样的打扮是席德进所反感的。同样,席德进惯于穿毛蓝土布短衫草绿军裤橡胶鞋也不符合木心的审美。于是相互轻视,各有畏惧,摸不清对方到底有多少分量。

随着交往的加深,木心与席德进逐渐有了更深的了解,于是"由相猜忌而转为相敬悦"。两人聊起天来,也不再彼此设防,而是一谈就是几个小时。奈何好景不长,一九四八年大家被时势浪潮所冲散,就此下落不明。

话说木心到台湾后,有一天在台南街上的一处旧货摊上翻看一堆唱片。突然有人牵制他的臂肘,他怒而回视,发现竟然是失散的席德进。作为发现者的席德进显得异常兴奋,他乡遇故知,说笑个不停。他没想到会在这里遇到木心,木心则惊愕地以为他是本地的另一个席德进。

原来席德进一九四八年从杭州艺专毕业后,同年就到了台湾,任教于嘉义中学。他连忙问木心怎么会跑到台湾来,木心回答:

"写生哪,整个跑遍了,住在麻豆,糖厂子弟学校宿舍。"

两人又相互介绍了分别后的情形,有的是说不完的话。木心只得在旧货摊的账柜上借了纸笔,草就一封短简寄给糖厂子弟学校的同居者,告之要和席德进去嘉义暂住几日。在旧货摊上,木心看中了贝多芬的交响乐唱片,从 No.1 - No.9 都有,是难得的完整的一套九大交响曲。可是他出来时没带足钱,只得摘下手上的一个金指环与老板交换。老板是个敦厚之人,收下金指环,还给木心找了不少钱。旧式的唱片是那种精装的硬封套,所以显得很沉重,木心只得请席德进帮着拎一部分。

木心随席德进到了嘉义中学,只见这里的树特别的绿,道路却是灰黄灰黄的,因为夜幕已经降临,眼前的一切渐渐有些模糊起来。他们走到了席德进的寝室,打开灯,只觉得空间很小,最显眼的是放着一张竹制的床,这让木心想起了老家的竹榻。席德进到别处又搬来一只相同的竹制床,他自己的靠着墙放,木心的则靠近窗户。此外就是一张小桌子和一条板凳。画件也不多,倚靠在墙壁的角落里,显得很零落。在他们眼里,凡是胸怀大志的人,都不以寒伧为耻,对于身外之物,总是表现出毫不在乎的态度。

对于吃的,他们在学生时代从不讲究,那时似乎还没有长出味蕾,有什么就吃什么。但现在,席德进为了招待远道而来的老同学,每晚都会预告第二天的菜单。两个人经常在厨房里胡乱地忙上一阵,回锅肉、连锅汤、麻婆豆腐、怪味鸡,做出来的全是四川料理。菜是拙劣极了,但这种生活却是快乐得很,谁能想到,当初互相瞧不起的两个人,此时亲密到了无话不说的地步。

老同学相遇,三句话不离本行,自然要聊到绘画上去。席德进拿出到阿里山写生带回来的风景画给木心看。木心对画无言。席德进急于想知道老同学对自己今日作品的看法,催他道:

"你说说看呢,怎么样?"

"这是阿里山?"木心有些惊讶地反问到,这一问反倒令席德进有些措手不及。

"是啊,上个月写生的。"席德进只能苍白地解释,似乎又像是在辩解什么。

"这哪里是阿里山。"木心没有用反问,而是直接就下了结论。

"是什么呢?"

"什么也不是。"

"那也没关系。"席德进为自己找了个台阶。

"是没关系。塞尚的普罗旺斯也不是普罗旺斯。"木心觉察到老同学的一丝不悦和尴尬,想稍微舒缓一下语气。

"只要是画！"

"这还不是。"席德进的辩解反而令木心又一次固执起来。

席德进有些不甘，又翻出一叠铅笔钢笔速写的人像。木心见后问："这些是你的学生？"

"是。"

"是学生而已。"

席德进特意从匣子里取出一帧精致的肖像画，递给木心，问道：

"这呢？"

"是谁？"

"克利斯朵夫！"

木心接过画，拿在手里仔细端详。席德进以为这次木心总该看上眼了，有些兴奋起来。

"这个克利斯朵夫很漂亮，好莱坞出身。像你自己。"

席德进听后有些惊喜：

"你说我像他？"

"像。"

"怎么会像呢？"

"把不理想的都变为理想的了。"

席德进闻说后侧着头，一笑了之。但他的心里并没有真正放下这个问题，而是陷入了沉思。

木心之所以会如此刻薄，源于他对席德进的绘画风格是保留个人意见的。就以这幅克利斯朵夫的画像为例，他觉得席德进把自己渴望具有的容貌,都一一诉之于克利斯朵夫的脸,"越画得雄媚俊逸就越显得画者本身难与比拟,艺术的可能反证现实的不可能——这种苦楚我熟悉。画家终其一生,时时刻刻保持着这种绝望,极少例外"①。在木心眼里,这是绝大多数画家一生的悲剧。

在嘉义的日子里,木心时常与席德进一起吃辣菜、喝酒,饭后在大王椰子树下散步,话题多而琐碎。他们的谈话三句话不离文学和艺术,津津乐道的是《约翰·克里斯朵夫》中的高脱弗烈特、奥里维、葛拉齐亚,从不涉及家庭和亲属。他们还会到野地里,在蓝天白云海鸥回翔的背景下模拟邓肯的舞蹈,过着一时不知有汉何论魏晋的日子。席德进去授课时,木心就独自在寝室内看书,睡着了,又醒来,索性就躺到竹榻上去,或熟睡或遐想。有时也到附近去走走,百无聊赖,发觉自己有着用不完的时光,常常痴想如何一次把它们都用完。

独处的好处是可以加深对过往的思考。木心发觉,不仅时代充满了谬误,作为个人自身也充满了谬误。即便如他和席德进,一心追求"纯艺术",纯到了对社会对生活只用哲学的角度来接触,因过于热衷理论、轻视经验,注定要从自我架空的状况中摔落。他晚年回顾这段经历时说:

两个二十岁刚出头的青年,即使在最浅显的道理上,也

---

① 《此岸的克利斯朵夫》,《温莎墓园日记》,木心著,桂林:广西师范大学出版社,2009年,161页。

无从分晓何以史籍所载的任何朝代,都有艺术家进退取舍的余地,唯独我们身逢的时代是不可能有一个旁观者的。我们又正处于那种尴尬的年龄,所有的伎俩是假装"老练",对任何人都矜持不解,结果便是无救地"稚拙"。一是生性倨傲,耿介而容易钟情。二是童年和少年的忧伤并不能算作现世生活的阅历,对整个世界还懵懵懂懂。三是迈步入世,一脚踩在中国近代史的最拗撬的章节上。当时精明强干的中年知识分子,饱经风霜足智多谋的老年知识分子,尚且悢悢惶惶,慌于抉择人生道路,何况我辈毛羽未全的艺术小信徒。①

年底,沈珍由于放心不下木心独自一人在台湾,就连续写信催促他返回。木心拗不过母亲的执着,只得匆匆整装,从麻豆直奔基隆,打算从那里坐船返回大陆。他雇人将几口大小不一的箱子也搬到了基隆,里面装着从台湾各地购买来的物产,其中就包括两条藤席、一些白盘子、一台留声机和几张唱片。台湾藤席木心曾在茅盾上海的家中见到过,因留有好感,就买了两条携归。白盘子素净可爱,留声机更是做工精美,无不令木心欢欣雀跃。

台湾之行让木心饱览了宝岛的旖旎风光,其间还慕名去了一趟阿里山,在那里过了一夜,留下了一首《阿里山之夜》的短诗:

---

① 《此岸的克利斯朵夫》,《温莎墓园日记》,木心著,桂林:广西师范大学出版社,2009年,165页。

我能唤出
寂静的乳名

却又无言
因恐惊逸寂静

这首诗虽然简短,似乎又隐含了木心不可对人说的隐秘心曲。难道与台湾此行的"秘密工作"有关?

在基隆,木心购买了"华生轮"的船票准备回大陆,可船主却说要待元旦之后才能起航。这是一段不算长也不算短的时间,中间还夹着一个春节,木心心里盘算,何不就去席德进那里,正好向他道个别。

席德进见木心又施施然出现在自己的面前,以为他又像上回一样云游到了这里,依旧欣喜异常。当木心说明来意,席德进不免有些伤感起来,好在恰逢寒假,他有足够的时间陪伴这位老同学。行将久别,两人的话题愈发多起来,艺术仍然是聊不完的话题,而更多的时候是健谈的席德进向木心讲述陈年的往事。木心则随机插话品评,即使取笑挖苦,席德进亦不以为忤。不觉间说起各自的前途,木心有意劝说席德进和自己一起返回浙江发展,没想到席德进竟然反过来劝木心留在台湾,待时机成熟再一起到巴黎留学。

这样的交谈持续了六天,两人均彼此说服不了对方,气氛颇有些僵持。春节前后的氛围表面上还是比较热闹的,但无论大到整个时局,还是小到两个青年之间,大家对未来其实均没有十分的把握。席德进常被学生拉着去参加他们的新春家宴,虽然也邀请木心,但总被他婉拒。席德进不在家,木心就随便弄点东西吃吃,吃过饭后就坐在窗前的小桌上给席德进写信。木心断断续续地写,想象着自己走后席德进读信时的心情,越写越激奋,也越加不安起来。

到了第六天夜里,席德进吃过学生的家宴后回到家中,面有酡颜,陶陶然话绪不断。借着酒兴,又聊些别后各自可能有的情况,又一起感喟了一番。最终,谁也没能说服谁,定局是:木心走木心的,席德进留席德进的。但相约"巴黎重见",于是相互对视一笑,心情又顿时豁朗起来。

第二天中午,吃了馄饨,天色转黑后,都无心晚餐。席德进怕木心路上饿,买了些糕饼塞进他的背包里。这让木心想起从前在故乡要到省外去投考中学时的情景。木心将手上的一只指环脱下,递给席德进:

"并不是表示感情,你留着,万一急需钱用,就把它变卖了。"

席德进没有接,只是瞥了一眼说:

"那一样,你在路上,可能发生什么事,好拿它对付。"

木心胸有成竹地说:

"至多三天就到上海,有人来接的。"

席德进是真的不要,语气显得坚决而肯定:

"不是平常了,上海没人接你怎么办呢!"

木心此次台湾之行,带的钱是很充足的,但因为花销甚大,以致回程的船票都没能直接用现金支付。他与"华生轮"船主讲定,到上海再偿付路费。船主见他一副少爷打扮,又携带着那许多行礼,不像是没钱的主,也就勉强答应了他。

傍晚,走在通向车站的路上,两人还在谈论着约翰·克利斯朵夫。木心突然觉得不应该将那封信留下来,于是他借口有东西落下,径直返回席德进的住处,揭开被子,抽出了信,对折,塞进了后裤袋,以更快的速度奔回。他们又继续谈论着文学,临上火车,两人握手苦苦地笑着,异口同声地说了同样一句话:"巴黎再见!"

回到"华生轮"的舱中,木心的第一动作便是掏出裤袋里的那封信,打算撕掉,转念一想,也许若干年后还能寄给席德进,于是又收了起来。

"华生轮"已离岸,夜幕中的台湾岛若隐若现。

二、参与杭州地下党活动

一九四九年年初,木心返回大陆,住在杭州风景秀丽的金沙港。这期间与叶文西等人成立了杭州绘画研究社。该社由叶文西任社长,木心任副社长。

叶文西,又名叶文熹,一九二六年生,河北保定人。他虽只比木心大一岁,可一九四二年就在重庆考入了国立艺术专科学校(简称国立艺专)油画科,一九四六年跟随学校复员杭州继续求学,于一九四七年毕业。

叶文西早在一九四三年就在重庆磐溪创办了《漫画漫话》杂志,一人独任编辑。该杂志起初以刊登抗日漫画为主,兼登讽刺小品文,也揭露当时社会上囤积居奇的奸商及校内的不合理现象。抗战胜利后,讽刺矛头指向国民党,揭露其镇压民主运动和发动内战的劣迹。同年,叶文西还参与创办了嘉陵社,这是一个由国立艺专学生组成的诗社,还办有壁报《嘉陵江》(周刊)。《嘉陵江》初期发表的作品以抒情诗为主,日本投降以后逐渐发展成为配合爱国运动的战斗阵地。一九四六年秋,杭州艺专复员后随之复刊,由何志生任主编。一九四七年元旦,因发表杂文《羊狗杂俎》,触痛了反动当局,学校训导处指使特务学生挟持学生大会,对社员何志生、叶文西、何燕明、吴正伦四位同学进行迫害,并勒令《嘉陵江》壁报永远停刊,激起了全校绝大多数同学的愤怒,这就是轰动一时的"嘉陵江事件"。

此时,已经从杭州艺专毕业的叶文西仍继续从事革命活动,已成长为浙东游击纵队杭州联络站的负责人之一。他与木心等创办杭州绘画研究社,名义上从事绘画艺术活动,其实是以此为掩护,从事地下党的工作。

杭州绘画研究社位于金沙港的一座白色三层小别墅内,别墅主人去了香港,这里就成了杭州中共地下党的一个联络点,对外则是业余艺术团体——杭州绘画研究社所在地。木心和叶文西的工作主要是为到杭州活动的地下党提供掩护,并从中传递信息。

春节过后,由于联络点人手不足,木心便写信回乌镇,把自己小时的读伴沈罗凡(一九二七—二〇一八)叫到杭州来帮忙。沈罗凡从小与木心志同道合,抗战胜利后,他们还在乌镇与同学邵传发、徐宜诚等一起创办了文学刊物《泡沫》。此刊为八开的油印刊物,以刊登文学作品为主。据沈罗凡回忆,木心主要负责编写诗歌和散文,此时的作品"幽美清雅,富于情致"。当时由于国民政府压榨崇德、桐乡两县农民,肆意摊派捐款,从而激起了民众的反抗。《泡沫》毅然支持这一正义之举，发表了沈罗凡撰写的《论国民捐献》《再论国民捐献》等文，以尖锐的言辞对这种行为进行了批判。刊物出刊后还张贴于乌镇北花桥、应家桥塃等处广为宣传，沈罗凡为此遭到了乌镇警察所的传讯追问，《泡沫》也因此而停刊，前后总共只出了五期。根据沈罗凡的回忆，木心后来将《泡沫》带到了杭州，与叶文西等继续编印。他也曾将新编的《泡沫》带回乌镇，分赠给沈罗凡等文友。

话说沈罗凡如约赶到杭州后，按照木心给的地址顺利地找到了杭州绘画研究社。进到屋子，他看见木心正在和一个中等身材，长着圆圆的脸，穿着淡灰色派力司长袍的青年低声谈话。木心发现沈罗凡后异常兴奋，边笑着边转过脸去对着沈罗凡说道：

"想不到你这样快就到，老伯同意吗？"

还没等沈罗凡接话，木心自己又肯定式地作了回答：

"老伯怎舍得你离开他啊！"

口气中带着满满的谢意。沈罗凡手里拎着两簧篮从乌镇带来的三珍斋酱鸡，木心发现后忙笑着对叶文西说：

"今天你可以尝到我家乡的名肴了。"

他趁机向叶文西介绍了自己的这位发小。据沈罗凡回忆，当时他们一起探讨了叶文西发表在《泡沫》上的小说《夏衣》，因为小说的主角罗干就是以木心为原型的。虽是初次见面，因彼此志趣相投所以没有一丝的陌生感，很快就打成了一片。

傍晚，木心和沈罗凡沿着西湖边散步，因春节刚过，周围

显得格外寂静。一阵湖风吹过,孱弱的木心不禁打了一个冷噤,用手将大衣的衣领竖了起来。他边走边对沈罗凡说:

"关鹏同志明天到杭州治病。"

沈罗凡知道关鹏,去年与他还在艺专见过一面,他也知道关鹏是浙东游击纵队政治部负责文化工作的。听完木心的话,沈罗凡只是点了点头。木心接着说道:

"他要住一个星期,你陪伴他,要照顾好他,为了安全,你俩可以住到清泰街我家去。"

沈罗凡考虑到自己在杭州有几家亲友,街道也熟悉,另外还挂着浙江大学旁听生的名分,干掩护确实合适,就一口答应了木心的要求。

关鹏这次来杭州,主要是动员艺专学生去浙东搞文艺工作。沈罗凡接下任务后不仅关心他的生活起居,还陪他去医院治病,对他的个人安全更是加倍注意,直到一周后将他送上了船,安全地送出了杭州。

送走关鹏后沈罗凡就和叶文西等人一起住在这幢别墅里,木心有时不回家,也和大家在这里一起搭伙。常到这里来的有艺专学生会主席王泰生、常委范才根等,因临近解放,杭州的学生运动正在如火如荼地开展着。为了迎接解放,绘画研究社的主要任务是绘制毛主席和朱总司令的巨幅画像。面对即将到来的新时代,他们激情满怀。

三、执教省立杭高

在杭州期间,迫于生计木心应聘到省立杭州高级中学(简称省立杭高)任教。

省立杭高位于杭州贡院旧址,其前身可追溯至一八九九年由杭州知府林启创办的养正书塾和一九〇六年设立的浙江官立两级师范学堂。而名气最响的莫过于一九一三年改称浙江省立第一师范学校之后,因名师云集,人才辈出,书写了民国浙江教育史上的一段传奇。学校后来又经过数度演变,至一九四五年更名为浙江省立杭州高级中学(现称浙江省杭州高级中学)。根据木心自己所述,他是一九四九年春入职的。当时省立杭高采取的是聘任制,校长给他颁发了聘书。据该校校志显示,木心受聘的岗位是图画教员。

当时担任校长的是国民党浙江省党部监察委员、国大代表方豪(一八九四——一九五五)。方豪是一九四八年七月刚刚上任的新任校长,其前任黄初葵因和训导主任来雷提出"积极整顿学风",炮制"训育规则"百余条剥夺学生自由民主权利,

二十世纪四十年代末的省立杭高校门

激起学生公愤，黯然离职。

木心在省立杭高的同事中年纪算是偏小的，由于年纪与学生相仿，穿着又时尚，一身文艺气质，所以深得学生特别是文艺青年们的爱戴。有关这段教书生涯，木心后来在《同情中断录》中对开学第一堂课有过较为写实的描述：

"这里位子满了，你走错教室。"

我一扬点名册，平静地说：

"我的位子在这里。"便步上讲台。

满堂营营然的笑——他们以为我是新来的插班生，我年龄与学生相近，状貌亦稚气未泯，较之全校老成持重的教师们，确实一无似处。

课后，学生们扈拥著我，在廊上问这问那。

"我讲的你们还喜欢听吗？"

"很好，使我们不爱美术的也爱起美术来了。"

"你讲的美术与我们以前知道的不同，我想，你讲的是真的。"

"老师，你是第一次上讲台吧？"

"何以见得？"

"你看了两次手表。"[①]

[①] 《同情中断录》，木心著，台北：翰音文化事业股份有限公司，1999年，207页。

木心晚年回乌镇后曾与来访者聊起在省立杭高执教时的三位"老成持重"的同事,他们分别是孙用、董秋芳和许钦文。三人中年龄最小的是孙用,但那时也已是年近半百之人。

孙用(一九〇二——一九八三),原名卜成中,字用之,杭州人。一九一九年夏毕业于杭州私立宗文中学,因家境困难,投身邮政,在杭州邮局等处服务二十三年。业余自学英语和世界语,并开始翻译、介绍东欧文学。一九二九年开始给《奔流》投稿,受鲁迅青睐,陆续刊发。他从世界语翻译匈牙利诗人裴多菲的《勇敢的约翰》,在鲁迅帮助下出版。一九四三年,在富阳乡村译书。随后数年先后在衢州、上海等地或教书,或闲居写作、翻译,有诗歌、杂文、译作等发表。一九四九年九月,应聘到省立杭高任教。

董秋芳(一八九七——一九七七),又名秋舫,字先修,笔名冬芬,浙江绍兴青坛人。一九一三年考入绍兴的浙江省立第五师范,与许钦文同学。一九二〇年考入北京大学,与许钦文等发起创办春光社,受到鲁迅、周作人、郁达夫等的支持。一九二四年开始在《京报副刊》发文。一九二七年南归,先后任教于浙江省立第一中学、山东省立济南高级中学等校。一九三七年起历任福建省政府公报室编译员、省政府图书馆馆长、福州文化界救亡协会秘书长。期间创办了《救亡文艺》《抗敌导报》,历任《民主报》副刊主编、《改进》月刊编辑。一九四六年回绍兴任教,一九四九年十月应聘到省立杭高任英文和语文教员。

许钦文（一八九七——一九八四），原名许绳尧，别号剩落大伯，笔名钦文、蜀宾等。浙江绍兴东浦人。一九一七年毕业于浙江省立第五师范，一九二〇年赴北京求学，与董秋芳等组织春光社，写作并陆续发表小说。一九二六年，因得到鲁迅的帮助，出版了短篇小说集《故乡》，成为乡土文学作家。一九二七年回杭州，先后在浙江省立第一中学、省立杭高任教语文，并继续从事文学创作。曾两次被捕，均由鲁迅设法营救出狱。抗战爆发后，到福建参加抗日救亡运动。一九四六年后回到省立杭高任国文教员。

董秋芳与许钦文同龄，此时都已年过半百。他们与孙用都是文坛老将，各有各的文学成就，这些都使得同样热爱文学的木心对他们有一种天然的亲近感。更何况，三人都曾近距离接触过鲁迅，而且都得到过鲁迅的帮助和提携，这应该也是对鲁迅充满敬仰的木心愿意与他们走得比较近的重要原因。

只可惜，目前笔者尚未发现木心与三位前辈的交往细节，唯一可以确定的是，许钦文在木心的眼里是一位很老实的长者，他对木心一直很友好。有一次，许钦文拿着校园内菜园子里自种的两个葫芦来送给木心，敲开门后，客气地对他说："孙先生，这两个葫芦你要吗？送给你，送给你，我走了。"

孙用和董秋芳在杭高任教的时间都不长。孙用一九五〇年十一月应冯雪峰之邀到上海鲁迅著作编刊社参加《鲁迅全集》的校注工作，董秋芳一九五一年被调往宁波市立中学担任校长。大家都被时代的浪潮所裹挟，来去匆匆，哪里还有深入交流的机会。

其实，在木心的同事中还有一位国文教员宋清如，她也是一九四九年进入省立杭高任教的。宋清如（一九一一—一九九七），又名小青，江苏常熟人。一九三二年考入杭州之江大学，入学后加入之江诗社，与诗人、翻译家朱生豪相识并相恋。这期间常向《现代》《文艺月刊》投稿并发表诗作。一九四二年与朱生豪在上海结婚，协助朱生豪译成莎士比亚戏剧九种。朱生豪去世后，世界书局于一九四七年出版朱生豪所译《莎士比亚戏剧全集》，宋清如承担了全部校对。

宋清如原在嘉兴秀州中学教书，是经之江大学时的同学骆允治的介绍才到省立杭高的。骆允治此时担任省立杭高的事务主任兼国文教员，因新中国成立伊始，学校需要充实师资力量，就推荐了宋清如。据朱尚刚介绍，其母宋清如之所以会选择去杭州，一是省立杭高的待遇和教学条件都会比秀州中学好些，另外宋清如当时正打算续译朱生豪没来得及译完的莎士比亚戏剧，到杭州更容易查找资料，找人请教也会更方便些。

木心也曾回忆，他在省立杭高时的待遇就相当不错。学校提供住宿，房间很大，后门就是游泳池。学生游过泳后，时常会到他的寝室里，和他一起坐在他的小客厅里饮茶聊天。木心很体贴学生，知道他们游过泳后肚子会饿，就提前备下些糕饼点心。每次看着他们贪吃的模样，他会从中觉出一点成就感。吃过点心后，他们一起看画册，听唱片，直到晚膳的钟响起后才散去。到了夜晚，有些学生还会放弃夜自修，继续跑到木心

《浙江省立杭州高级中学师生工友录》中的孙牧心

这里来,跟他接着聊些彼此都感兴趣的话题。

关于省立杭高的宿舍,一九四九年秋季开学前跟随母亲宋清如一起来到杭高的朱尚刚有过描述,不妨转引至此,以见一斑:

> 那时学校里两层的矮楼房居多,每排房子叫作一"进",前面是办公室和教学区,最后面七进基本上都是教工的宿舍,我们就住在楼下的一个小房间里。再后面还有个小池塘和假山,学校上课的时候,这里就成了我和同龄人的天下了。①

木心当时正热衷于阅读朱生豪翻译的《莎士比亚戏剧全集》,不成想竟然与宋清如成了同事,彼此的交流想必不会少。

---

① 《诗侣莎魂:我的父母朱生豪、宋清如》,朱尚刚著,北京:商务印书馆,2016年,282页。

四、短暂的军旅生涯

随着渡江战役的发起，国民党军队兵败如山倒，一九四九年五月三日下午中国人民解放军第三野战军七兵团二十一军进入杭州市区，杭州宣告解放。此时的省立杭高在中共地下党的领导下，在该校学生自治会的直接组织下，掀起了一浪高过一浪的学生运动。木心和绘画研究社的同仁们，以及省立杭高的进步师生们终于迎来了期盼已久的伟大胜利。

他们欢欣鼓舞，原本须要秘密进行的工作这个时候都可以公开行事。就在杭州解放的次日，一万余名学生在浙大广场举行庆祝杭州解放、纪念"五四"运动爆发三十周年庆祝晚会。随后杭高学生又成立宣教委员会，连日上街慰问解放军，宣传新时代。从五月十七日开始，杭高学生为庆祝解放，连续三天举行联欢会，除全校师生员工参加外，还邀请了解放军代表和兄弟学校代表参加。面对这样来之不易的伟大胜利，木心怎能置身度外。为此，他决定响应解放全中国的号召，毅然加入了二十一军，跟随部队南下，一直到达了温州。

木心被安排在政治部文化部任干事,主要从事宣传工作,具体而言还是发挥专长,绘制马恩列斯和毛泽东、朱德的巨幅肖像。在庆功的时候,木心也会加入到扭秧歌打腰鼓的队伍中,其革命激情不亚于任何时代青年。

早在就读上海美专时,因肺结核病一度加重,木心就有时不时咯血的症状。参军后由于过度奔波,病情又进一步加重。有一次他在扭秧歌时,突然大量咯血,黄军装的前襟为此沾满了一大片血迹。自参军以来,木心渐感自己无法适应这样高强度和严要求的部队生活,遂萌生起退伍的念头。但革命形势如翻江倒海,作为渺小的个体根本无法自主选择。就在为此而苦恼之际,病情的加重倒是反而给了他一个名正言顺的理由,于是部队领导出于多方面的考虑,特批木心退伍治病。他在度过了两个多月的军旅生活后,返回了杭州。

木心回到杭州后,住在皮市巷。因学校仍在放暑假,他就专心治病。又因病得闲,重读了《莎士比亚戏剧全集》。刚刚经历了人生数次选择的木心,此时似乎更能体悟哈姆雷特的人生困惑,对哈姆雷特有了新的认识。木心此前读过屠格涅夫有关《哈姆雷特》和《堂吉坷德》的论说,对屠格涅夫贬损哈姆雷特的观点很不以为然,打算就此作一篇论文,主旨是要和屠格涅夫进行辩论。

下半年开学后,木心仍回省立杭高任教。此时学校已成立新的校务委员会,中共杭州市教育局党委委派裘颂兰、郑公盾为正副主任委员,全面领导新杭高的改组和办学。为了新形势的需要，学校又招聘了一批新教师，其中就包括宋清如。由于受不了各种规章制度的制约，木心不再住校。

刚刚经历了短暂军旅生涯和一场大病后的木心，此时的心境确乎发生了某种变化。这期间作有一首题为《贡院秋思》的旧体诗：

> 黄石桥边水波寒，渔父看厌敬亭山。
> 羞将俚歌道哀乐，惭有闲情逐鸥雁。
> 遗袜惹来人济济，挂剑飘去影冉冉。
> 回看社庙斜阳里，金人肩头噪暮蝉。

无独有偶，目前可以见到的还有木心此一时期作的另外一首旧体诗，其感情与思想的基调与前一首有着惊人的相似：

> 此心耿耿欲何之，谢家屐痕懒寻思。
> 钱塘有潮不闻声，雷锋无塔何题诗。
> 大我小我皆是我，文痴武痴一样痴。
> 龙吟虎啸草堂外，骚人冷暖各自知。

两首诗中那种寥落孤寂之感与整个时代的风云激荡似乎有些格格不入，无疑为木心稍后的一次抉择埋下了伏笔。

五、山居生活

一九五〇年八月，木心以自己得了心脏病需要疗养为借口，终于说服了亲友，正式向省立杭高退还了聘书，辞去了该校的教职。木心的这一举动并非草率之举，他是经过了深思熟虑的。

自从一九四三年木心决定出走乌镇开始，其初心是"要做那种知易行难的艺术家"，为此他奔波于杭州、上海的美术院校之间，穿梭于文学与艺术的朋友圈里，追求青春的绽放，一心要做"知易行难的艺术家"。可时代是一个大熔炉，作为思想还没有完全定型的文艺青年，木心在追求民族独立与解放这样的时代潮流面前，不免要被周围的人所裹挟着前进。

当一切开始尘埃落定，旧的已经打破，新的秩序就要建立起来的时候，木心突然发现自己心中始终葆有的还是对文学艺术的那份痴情与热情。辞职，于是成为他理所当然的选择。在他看来，中学教师的职业是一种温暖、安定、丰富的"常人的生活"，这种生活对于他所追求的艺术是有害的，他不要。他真正需要的是"凄清、孤独、单调的生活",以为这才是艺术家应该拥有的生活状态。福楼拜曾说过:"如果你以艺术决定一生,你就不能像普通人那样生活了。"木心于是听从了福楼拜的话。

他雇人挑了书、电唱机、画画工具和衣物食品上了莫干山。莫干山早在二十世纪二十年代就开通了公路,曾经也有过进山的公车,但此时正值战后不久,公车线路已荒废,他们只得徒步上山。八月底的杭州溽暑还未消退,车到山下的庾村时,山风颇送来一丝爽气,使得木心有些激动起来。他们沿着崎岖的山路拾级而上,越往高处,越能感觉到气温在海拔与林木的双重作用下起着可触及的变化。特别是那一片片的竹林,挺修,茂密,青翠,随着山风掀起层层绿浪,光看看眼前之景心头就已拂过阵阵的凉意。

木心这次上莫干山,是住在父亲遗留下的别墅里。别墅平时委托一位山民看管,看管费用以米计算,但支付的却是现金。因有了这一层雇佣关系,木心在山居期间三餐干脆就寄食在他家里,只是需要另外再支付些搭伙之资。山民家的饭菜委实可口,这令木心念念不忘,他后来在《竹秀》中写道:

> 刚到的一个星期左右,我随身带来的牛肉汁、花生酱,动也没有动。他家的菜肴真不错。山气清新,胃欲亢盛,粗粒子米粉加酱油蒸出来的猪肉,简直迷人。心想,此物与炒

青菜、萝卜汤之类同食,堪爱吃一辈子。①

这里除了有令人解颐的饭菜,周遭的美景更使他平复了低迷的情绪。只住了一个星期,木心的心情就从寂寞的牢笼中走出,心扉一旦打开,放眼都是怡人的风光:

尤其是早晨,缭雾初散,无数高高的梢尖,首映日光而摇曳,便觉众鸟酬鸣为的是竹子,长风为竹子越岭而来,我亦为看竹子乃将双眼休眠了一夜。②

可以看得出来,木心对山居生活是陶然自得的,他在这里暂时逃避了喧嚣,躲避了潮流,呼吸到了山野清新的空气,特别是体会到了无拘无束的自由与快乐。这让人不由地想起他在散文《九月初九》中探讨中国古典文学中人与自然关系时所说的:"中国的'人'和中国的'自然',从《诗经》起,历楚汉辞赋唐宋诗词,连绵表现着平等参透的关系,乐其乐亦宣泄于自然,忧其忧亦投诉于自然。"③这种山林之乐,正是自古以来中国传统文人所共有的隐逸情愫,此时的木心也真切地体会到了,甚至想一辈子就这样过下去。

① 《竹秀》,《哥伦比亚的倒影》,木心著,桂林:广西师范大学出版社,2009年,23页。
② 同上书,21页。
③ 《九月初九》,《哥伦比亚的倒影》,木心著,桂林:广西师范大学出版社,2009年,3页。

孙德润留下的这幢别墅是一座石屋子,因山势而建,前两层,后一层,面空谷而傍竹林。竹是毛竹,高接浮云,茂密得人无法挤进去踱步。尤令木心诧异的是,竹林里极为干净,终年无人打扫,却像每天都有人清洁一般。只是太早和太晚都不宜走动,因为有老虎和野猪会从后山过来觅食。对此木心并不十分相信。

直到有一天夜里,果然从山上下来一只猛虎。它用脚爪用力费劲地抓小书房一侧的后门,因是很厚实的门板,又有铜插销闩着,木心恬然不惧,反而窃笑了起来。待沉寂片刻之后,只闻不远处的下坡人声大作,继而听到鸣锣、放铳的一阵喧闹。老虎被赶跑了,山村又归于夜的静谧。猛虎来去无声,悄然无踪,木心想着想着,反而有些后怕起来。

翌日清晨,山民的女儿来送薯粥,她告诉木心山坡下那户人家被老虎咬死了一只羊,但没来得及衔走就被吓跑了。木心闻说后有些兴奋,立马取出一些钱递给她,请她速去代买一条后腿,并希望中午就能吃到羊肉。

独居的生活虽然适意,但不免会有些枯索。时近中午,早上的一晚粥已消耗殆尽,木心肚里空空,于是兴冲冲地赶去山民家用午饭。在不远处他就闻到了随风飘散而来的红烧羊肉的香味。山民一家四口,个个气色晴朗地候着他赴宴。木心一进门就见到桌上已摆好烫热的家酿米酒,还有大碗葱花芋艿羹、青椒炒毛豆,最令人垂涎三尺的当然是浓郁郁的连皮肥羊肉,上面撒着些翡翠蒜叶末子,显出金碧辉煌的样子。在木心看来,中国的可爱在饮食上表现为主张高温度进食,如此更能够激励味蕾的敏感,而餐桌上氤氲着的祥瑞之气,如梦似真,将味觉、嗅觉、视觉浑成轻度的晕眩,让你微微地应接不暇。

生活愉悦了,心情也自在了,但木心始终没有忘记自己此行的真正目的。他说:

> 头几天还新鲜,后来就关起来读书写书。书桌上贴着字条,是福楼拜说的话:"艺术广大已极,足以占有一个人。"①

木心山居期间主要研读的是福楼拜和尼采的著作。

在木心心中,福楼拜是一位斯斯文文,要言不烦,言必中的的作家,他视其为"文学上的圣人",是以文学为宗教的最虔诚的使徒。木心坦言自己就是在这个时候正式投到福楼拜门下的,之前虽然读过他的全部小说,但自感还不够自称为他的学生,现在重读其作品,不仅读进去了,还能读出来——不仅重新发现了福楼拜的价值和意义,还读出了自己与福楼拜相距百年中人性的微妙变化。

木心特别欣赏福楼拜的作品,认为其《包法利夫人》无比完美,是极完整的肖像;《萨朗波》斑斓、广阔、丰富;《情感教育》博大精深,似一曲交响乐。最难能可贵的是,福楼拜写的都是些他看不起的人物,却能主张不动感情,不表立场,像

---

① 《文学回忆录》,木心讲述、陈丹青笔录,桂林:广西师范大学出版社,2013年,1077页。

个公正全能的上帝。

木心还特别看重福楼拜作品中特别隐晦又特别强的道德力量。比如《包法利夫人》，当初刚面世时几乎被视为是伤风败俗的大淫书，在木心看来却是道德力量特别强的小说。这种隐藏在福楼拜作品中的艺术力量非常奇妙，主要体现在福楼拜写的虽然是极平庸的人与事，却很有魅力，富有美感，经得起琢磨。这也得益于福楼拜对文法修辞的讲究，为此木心称赞福楼拜是"世界文学中最讲究文法修辞的大宗师"，这一点后来在木心自己的创作中也得到了很好的体现。

但木心偏爱福楼拜的根本原因却在于，他从福楼拜身上找到了他自己，特别是发现和证悟了今后艺术所要追求的形式与内容之所在。以后来木心在纽约的世界文学史讲席为例，其谈论绝大多数文学家时是以读者的视角和立场发声的，唯独谈论福楼拜时，总是情不自禁地把自己放进去。你中有我，我中有你，彼此呼应，合二为一。

福楼拜身上最令青年木心心仪的应该是其浪漫主义的情怀。他说福楼拜"青年时期健康，浪漫，像模像样"，以此反观自我，过去只是"以革命的名义来表达浪漫"，其实是庸俗的浪漫主义。在木心看来，青年就应该拥有浪漫的情怀，虽然一度被剥夺，但值得自我安慰的是，自己毕竟赶上了五四的遗韵，他视之为"西方浪漫主义的一点回光返照"。

对于存在主义老祖宗之一的尼采，木心也是推崇备至。他甚至说:"作为一个现代人,如果忽视尼采,不会有什么价值。"①他很赞同尼采"艺术就是艺术"的说法,以为是接近真理之论。木心读尼采的书读的很细很深,他认为如果浅读人会变得骄傲自大。唯有深读,才能读出一个自己来。在尼采的著作里,木心深味悲剧精神、酒神精神、日神精神、上帝死了等等概念和提法。他视尼采为自己精神上的情人,他说:"我与尼采的关系,像庄周与蝴蝶的关系。"②

除了专注于读书,木心在莫干山期间还专心写出了酝酿已久的三篇论文:《哈姆莱特泛论》《伊卡洛斯诠释》《奥菲司精义》。白昼一窗天光,入夜一枝竹。不喝茶,也不喝咖啡,写写渴了,就去冲一杯克宁奶粉。木心上山时还带来了电唱机和唱片,但听多了也腻,觉得还是不听的好。

写作常常安排在夜晚进行,起初只点一枝白礼氏矿烛,初冬之后换做两枝,双烛交辉,仿佛开起了新纪元。入冬后天气转冷,因客厅有旧式的壁炉,木心便向山民购买了一些干燥的松木来取暖。可他就是调理不来,总是要熄火,即使烧着一小会,也暖不进小书房。他只能披了棉被伏案疾书,右手背起了冻疮,左手也跟着红一块紫一块。

木心常常写到凌晨一时才停笔入睡,写完最后一篇《奥菲司精义》已到了年底。天已在飘雪:

---

① 《文学回忆录》,木心讲述、陈丹青笔录,桂林:广西师范大学出版社,2013年,796页。

② 同上书,797—798页。

冬季莫干山,也和温带的其他的山一样枯索荒凉,银雪盖在竹上,树上,屋顶上,巉岩上,石级上,就此温柔而繁华。下雪时,雪初霁时,无风,并不凛冽,比夏令还爽亮,雪光反映入室,天花板一片新白。不良的是融雪之日,融雪之夜,檐前滴滴答答,儿时作诗,称之为"晴天的雨声"。滴滴答答,极为丧气,像做错了事,懊悔不完了,屋角,石隙,凡背阳之处总有积雪,一直会待着,结成粗粗的冰粒,不白了,也不是透明。大雪后,总有此族灰色的日益肮脏的积雪。已经不是雪了——"笨雪"。①

山居的日子,寂寞时常袭来,身上虽然还有些余钱,但面对这样一个大变革的时代,不可能不做长远的打算。虽然勤劳能干的沈珍一直是全家的支柱,但作为孙家的独苗,木心无法逃避与生俱来的责任,毕竟一大家子都在观望着他的去向。不下山是不行了,木心于是盘算着入城再谋个职业。相比于杭州,他觉得上海更适合他。

---

① 《竹秀》,《哥伦比亚的倒影》,木心著,桂林:广西师范大学出版社,2009 年,27—28 页。

六、迁居上海

一九五〇年年底，因沈珍要到上海看病，木心就偕母亲以及大外甥女王剑芬一起迁居到上海。王剑芬是木心大姐孙彩霞和姐夫王济诚的大女儿，在她之后还有四个妹妹和弟弟，分别是二妹王宁、三弟王竞、四妹王奕和五弟王韦。

王济诚也是绍兴人，早年在茅盾家的泰兴昌纸店做学徒，甚得经理黄妙祥的关照。孙德润去世后，沈珍委托黄妙祥为孙彩霞物色对象时，黄妙祥因深知王济诚为人实诚，便将其推荐给了沈珍。在王济诚之前，曾有人想将孙彩霞介绍给在上海经商的一个生意人，但沈珍没有同意，因为她觉得生意人是要娶小老婆的，不能让自己的女儿受委屈。

王济诚与孙彩霞结婚后出任孙家的账房，但因性格关系，干得并不是十分"称职"。他当时要代表孙家去佃户家收租，有些佃户了解王济诚的为人，于是每次就对他热情款待，并向他反复诉说生活的难处，使得王济诚往往不好再开口催逼。当时孙家在乌镇内外的田产达两千多亩之多。

青年时的王济诚(王奕提供)

青年时的孙彩霞(王奕提供)

数年后，王济诚得到岳母沈珍的支持，带着她给的一千块钱到杭州与人合开了一家纸店，主要从事各类富阳纸张的批发。一九五一年因故又搬到湖州在下北街重新与人合开了一家新华纸店，本钱也是沈珍出的，同样是一千块。两家纸店均为合股经营，由于王济诚每次投入的钱都不是最多，所以均未能成为经理，而是屈居第二把手，相当于副经理的职位。

王济诚在湖州开纸店期间，木心曾偕母亲和王剑芬一起去探过一回亲。当时在纸店里做学徒的王觉（一九三九—）对他们的到来还记忆犹新。他当时十三岁，在店里主要负责大家的生活起居。那时王宁、王竞在爱山小学就读，王奕还抱在怀里。木心到来后发现纸店的招牌不像样子，就亲自用老宋体给重新设计了一个。

木心偕母亲和王剑芬到上海后，先是借住在世交王松生位于江湾的家中。王松生是沈珍的寄子，比木心大十岁，所以对寄母一家的到来特别的热情周到。

木心选择到上海定居，除了因为要带母亲去看病外，其实还有更深入的原因，那就是木心在这之前已经不能适应"集体主义的'规章''制度'"。还在杭州时，参军的那段经历以及经过军管会派人改组后的省立杭高都令他不能适应。起初还只是搬到校外居住，后来干脆从学校辞职，跑到莫干山去避世，都是最直接的反映。上海在木心的眼里，显然要比杭州来得更加自由和开放，他和他的同学们为此都从杭州转到上海来，以为上海会不同于杭州，或许还可以容许他们闯荡。

刚到上海，木心和几个同学果真一心去闯荡谋生，通过打零工来赚钱。他画过医学挂图，搞过舞台布景，有什么就做什么。还到高桥的一所小学里做过临时性的代课教师，教的是音乐，学校里有一架钢琴，每次上课就搬来搬去。教完课，结算工资，一叠子钱拿在手里木心心里就特别高兴，心想：这下又有一段时间可以不用去打工了。经过多年的社会历练，木心已不再是当年那个养尊处优的孙家少爷了。

到上海后，木心与林风眠之间仍保持着书信往来。林风眠给木心的信内容总是写得很仔细，字迹极真朴，虽不按中国书法碑帖的牌理，却字字有美感，苍劲姿媚自成一种风调。字如其人，木心认为这其实是林风眠身上所具有的一种经久淬炼过的孩子气的显现。木心日后写下"爱孩子,尤爱孩子气的成人"这样的句子，想必就是针对林风眠而言的吧。

由于政治环境愈发敏感，为了避免书信对林风眠有所不利，木心在给他的信中，总会故意夹入许多小市民的儿女家常话，比如"妈妈，你好"之类，以便躲避检查。也会用一些双关语和暗语，林风眠对此都能体会的出来。而林风眠写给木心的书信也有这样处理的地方。

有一次林风眠给木心寄去了一封长信，在信上说自己"尚称安好"，仍然是一边嚼花生糖、胡桃，一边画画，而从夜里画到早晨是常有的事。信上还说：

我像斯芬克士，坐在沙漠里，伟大的时代一个一个过去了，我依然不动。①

读到这样的譬喻，木心自然心领神会，他很能理解并同情林先生的处境，为此颇有些感慨。他回顾起林风眠为艺术的一生是何等辉煌与荣耀，与那些损人不利己的宵小之徒相比，其卓然独立的大师风范足以光照艺林。这些在木心记忆中留存的信文内容虽然很有限，但也透露出此时的林风眠在杭州尚能安然自处，没有受到太大的冲击。但好景不长，时代总归还是把林风眠推向了风口浪尖。

自林风眠创办国立杭州艺专以来，虽然数易校长，几经分合与播迁，教学上却大致能延续林风眠当初创立的教学体系。一九五〇年，国立杭州艺专改组为中央美术学院华东分院后，江丰代表学校在《中央美术学院华东分院暂行规章》中提出了全新的教育方针，其中特别强调要以现实主义的、中国民族的和中国革命的美术进行美术理论研究和实际教学。以此为指导，学校就名正言顺地以延安鲁迅艺术学院美术系和华北联合大学文艺学院美术系的美术教育经验为基础，对艺专原有的教学体系进行了彻底的改造。

面对这样的变革，林风眠起初是努力接受的。但随着形势的进一步发展，尤其是杭州艺专被徐悲鸿公开批评为"形式主义的大本营"后，林风眠本人为此受到了极端的冷遇和越来越

---

① 《双重悲悼》，《同情中断录》，木心著，台北：翰音文化事业股份有限公司，1999年，134页。

严厉的批判,甚至有人挂出石膏像让其当场写生作为"考试",欲逐之而后快。这场来势凶猛的政治洪流直接导致油画系主任吴大羽没有得到续聘而离职,黄宾虹也差点出走,潘天寿、吴茀之被勒令不得上讲台,诸乐三则被安排到教务科做了一名誊抄员。林风眠身边的学生们也不可避免地被牵连,陈积厚、周谷昌、翁祖亮、钱景长、宋忠元、沈培金、金碧芬以及潘其鎏等一起被划为"新派画小集团"成员,加以控制,甚至被跟踪和打击。

至此,林风眠不得不于一九五一年主动辞去教授职务,举家迁往上海。他晚年在香港接受采访时谈起过出走的原因:

> 解放初期我还跟同学们一起下过乡,一些农村题材就是我那时候画的。我们这些旧社会过来的人,画不来苏俄式的那种创作,当时为了改造自己,还拼命努力过。但艺术毕竟是艺术,要大家都搞成一个样子,恐怕也不行。说实话,当时我担心批判我,因为我的画那时叫"新派画",属于该批判的资产阶级之列。我想与其挨批判,还不如早离开。所以外边传是"杭州艺专赶我走的",这话不确实,应该讲是我主动离开的,因为我怕挨批判而采取的"走为上策"罢了。[1]

---

[1] 引自《画未了:林风眠传》,郑重著,中华书局,2016年,193页。

第八章　小镇中学教师："我好比笼中鸟"

二十世纪五十年代的头几年，木心就这样在育民中学里平静地教着他的书，与有限的几位志同道合的朋友相往还，生活还算自在，心情也是愉悦的。尽管如此，福楼拜的教诲，特别是那句"艺术广大已极，足以占有一个人"总是会在心底涌起，庸常的日子毕竟容易使人麻木，为此木心的内心也有自我冲突的时候。他写过一首题为《小镇上的艺术家》的诗作，述及这一段生涯，似乎是有意在向读者袒露他彼时的真实心境。

一、"林先生在,绘画在"

林风眠一家移居上海后租住在南昌路五十一号。这又是一幢两层的法式建筑,前临法文协会,后靠法国公园,从中颇能感受到林风眠心中挥之不去的法兰西情结。

住房的一楼是客厅和厨房,二楼只有一大一小两个房间。太太阿丽丝和女儿林蒂娜住在楼上的大房间,林风眠自己则住小的那一间。小房间还一分为二,里面睡觉,外面作画室,也可以作为临时的小客厅来使用。由于辞去了教职,赋闲在家,没有了固定的收入,为了养家糊口,林风眠只得辛勤作画,靠卖画为生。

当木心听说林先生也从杭州到了上海,很是为他高兴,认为他这次的决策"乃英明之举"。他对林先生在杭州艺专的被排挤,一直看得很真切,其间由隐而显,由缓而剧,总归是愈演愈烈,再留下去既无必要,也无意义。林风眠初到上海时,木心去探望过一次,但后来就长时间不再登门,他归结为是自己的"阿左林脾气"在作怪。

林风眠与木心的画

林风眠刚到上海时，身边没有多少熟人，是颇有些寂寞的。起初的几年，与回福建老家的潘其鎏来往书信较多，另外还与金碧芬、金明玉、苏天赐等学生保持着密切的往来。潘其鎏那时很想去上海，在信中表达了自己的这一想法，但林风眠劝他暂时不要来。因为待在老家可以很安静地学习，思想会取得进步。到上海需要面临许多实际的生活问题，学习和艺术有可能会为此而荒废。起先潘其鎏听从了老师的劝告，但没过几年他还是从福建来到了上海。他与林风眠走得很近，隔三差五就去看望老师。

　　潘其鎏到上海后也联系上了木心，时常到高桥来找他，有时就住在木心那里。据王奕回忆，当时他们分居楼上和楼下，楼上有三间，木心、沈珍、王宁、潘其鎏都住在楼上，其他人则住在楼下。此时木心和潘其鎏的圈子里还有一位李梦熊（一九二五—二〇〇一），他不仅歌唱得好，还喜欢收藏古董杂项。因为林风眠也喜欢音乐，对秦砖汉瓦和民间艺术也很感兴趣，所以两人之间有较多的共同语言，交往亦颇为深入。自从认识木心后，李梦熊与他在文学艺术上也有着聊不完的话题。他也会时常到高桥来，一来就和木心、王宁一起出去散步。木心散步时喜欢披着风衣，显得很洋气的样子。李梦熊很喜欢王宁，还追求过她，给她送过不少礼物。但王宁觉得自己年纪还小，没有接受他的这份感情。王宁后来考进了上海外国语学院，毕业后在外文局北京周报社工作。

　　潘其鎏来往于林风眠与木心之间，不免就会和彼此谈起对方的近况。林风眠在与潘其鎏闲聊中曾先后两次通过他邀请木心再到他家中做客,但木心总是以种种借口而推脱。直到有一次,潘其鎏有些激动地说:"邀你三次了,再不去林先生会生气的。"木心听后一笑,这才又跟着潘其鎏去了一次。

南昌路,过去属于法租界,这一带的行道树都是法国梧桐。其实是悬铃木科,因为枝干光净,又布满于法租界,上海人就想当然地定名为法国梧桐了。走近五十一号,从路对面可以望见二楼客厅的窗户,帷幔长垂,暗无灯光。木心知道,每次有人按门铃,林先生必是从画室转入客厅,在幔缝间俯察观望,看来者是谁。如不欲接见,就阒无动静;有约,或愿晤,便亲自下楼,到门内小天井时已说笑称呼开来。

这次,林先生是亲自下楼开门的,他把两人直接迎到了楼上的画室。上楼时,楼梯有些昏暗,幸有木质坚硬的护栏可以扶手。在楼梯上下交接的折角处,立着一双马靴,皮质精良,款式优雅,很引人注目。木心很想知道这是谁的,但几次话到嘴边又吞回去了。在木心眼里,这样的一双马靴放在三角小平面上很恰当,有气氛,日久蒙尘,显得更加古趣,这应该是林先生的有意而为之。

到画室一坐定,林先生就问:

"茶?还是酒?"

木心知道林先生对于来客是惯于这样询问的,每次他都会选择一种,从不说"随便"。如果他是主人,他也希望客人能这样答复他。更何况,在二十世纪五十年代的大陆,所谓"高贵者最愚蠢，卑贱者最聪明"，能一坐下来就得到主人亲手倒给你的一杯莱姆或白兰地，那是令人感到何等瑰美的事啊！

多时不见，难免要先寒暄几句，并互询一下各自的近况。酒、茶、言、笑之后，林先生就带着他们到附近的川菜馆共餐。那里的环境很雅洁，菜品亦精细，所以给它取了一个"洁而精"的雅号，每次有学生来，林风眠就带大家到这里改善改善伙食。

对于木心来说，这一次拜访，最快乐的莫过于与林先生一起欣赏他的新作。画平摊在客厅的地毯上，他们站着，弯腰俯视，林先生立于对面，叼着烟斗，双臂交叠在胸前，微微地笑着，时而又大笑起来。在木心看来，一位画家，必定是一位批评家，创作的过程原系批评的过程，尤其画到中途，这位批评家就会岸然登场，直到最后完稿，他还会理所当然地逗留不去。只有当一幅画作装框上墙之后，画家自己也才成了观众之一。林风眠很喜欢别人在他的面前欣赏他的画，当别人在看他的画时，他在旁看别人的表情，听别人说话。那时，他等于是借了别人的眼睛来看自己的画，凭借别人的心智来掂估自己的精神产物。

林风眠给人看画是分类分等的。他会猜度你的倾向性，拿出你所特别喜好的那一类，这就是分类。他不愿将自己钟爱的作品给鉴赏力不够格的人看，这就是分等。对于这样的分法，木心是由衷认同的。但他们为了能够看到林先生更多更好的作品，就用尽办法诱得他将秘藏在隐蔽处的灵感之作也拿了出来。这些画大约有一百来幅，尺寸 67cm×67cm，用水墨粉彩绘在宣纸上。面对这些画，木心双目发光，有些如饥似渴，以致数

十年后仍记忆犹新:

最好的是"静物",一只瓶、一片布,两三果子,简无可简,调子暗,色彩却变化多端,蕴藉在灰黑之中,统体素净,用色用得如此贞洁,没有在别家的画上见过,而且是大块面平涂的,肌理微妙,处处有生命悸动,形成最轻极限的戏剧性,那些被作为素材的瓶罐杯盏,都不再是实物的映象,纯粹升华着画家的观念的假托,所以画面上一味稚气拙憨,整体效应却剔透空明——每当我看到这些"静物",想到这些"静物",无不心凝神释,为林先生庆贺,他得到了杰作,没有人曾经画到过那么静,而如果循着这条幽径,再要画,似乎也是不可能的。

另一类是"风景",往往是中国江南的庭院,中间几椽平屋,周围草木扶疏。草是闲草,甚至蒿莱芜杂,木也不分科别。不择姿态,满幅信笔乱涂,这种熟练后的生涩,严谨中率性,兴高采烈,却有一股恬漠冲和的逸乐,沁人心脾,儿童画的天真是先天之真,画家参透原理,控制笔墨,随意挥洒,是后天之真,一草一木,魅力四起,而且,中国古代画家是以墨代色的,林先生是以色代墨,笔法又完全脱出前人窠臼。这类"风景"的组合要素机位丰盈,布局是中国山水的三点透视,人形是明清服饰的侍女,有木偶、皮影趣味,大量的线是从瓷画漆画上得来的飘俏流利,于是,整体对待一幅画时,富有现代设计的装饰性,那是指快乐主义享受程度上的视觉飨宴。

其他如芦雁、鱼鹰、猫头鹰、小鸟、鹭鸶、裸女、京剧越剧人物,风格也强烈得一望而知出于林风眠笔下,而与他的"静物""风景"中的杰作相较,就显得次要了。①

以这些画作为代表的这一个创作时期,被木心视为是林风眠"绘画创作黄金期的巅峰阶段"。因为这一时期,林风眠摆脱了教务牵累,不必上班开会学习,久在樊笼,复得自在,艺术的生命生机勃勃,创作欲也达到了空前的旺盛。从这些画中,木心也看出了林风眠所受西方绘画的影响,其渊源可以追溯至从印象派到立体主义的风格。对此木心私下觉得林先生迈出的步伐还不够大,便趁机问到:

"为何不再朝前探索?"

"我只画自己懂的东西,不懂的东西画不来。"

对于林先生的回答,木心觉得这是他诚实和谦虚的表现。但他在看了他的其他几幅偏重形式结构的画后,又追问到:

"何不索性进入'纯抽象'?"

林风眠听后略微愣了一下:

"这样吧,你写一篇《论纯抽象》,我要是懂了,就一定要画画看。"

虽然都只是轻快的言笑,木心却满口答允,一直把这件事

---

① 《双重悲悼》,《同情中断录》,木心著,台北:翰音文化事业股份有限公司,1999年,140—141页。

放在了心上，筹思着要作这样一篇文章来给林先生看看。但时代风云变幻，起稿未竟，风暴陡起，各自都大难临头，从此就再没有见面的缘分了。

二、执教育民中学

一九五一年秋,因为某种机缘,木心应聘进入位于高桥的私立四维中学工作。该校始创于一九四七年,创办人为江苏武进人施燮华。一九四七年至一九五八年间施燮华一直担任着这所学校的校长,而这期间的一九五一年至一九五六年间,木心亦在此度过了他的又一个中学教师生涯。

该校校名含"四人维持"办校之意,四人指施燮华、黄振极、刘导源、陆君翼,都是这所学校的创办人。同时又符合当时蒋介石所倡导的"礼、义、廉、耻"乃国之四维之说,可谓一语双关。解放后"四维"之名显然已不合时宜,特别是在经历了针对知识分子的思想改造运动之后,校方便在一九五二年十一月主动将校名更改为上海市私立育民中学(下文简称育民中学)。没过几年,学校改由上海市教育局接办,性质由私立变公立,校名遂又于一九五六年二月变更为上海市育民初级中学。两年后因蓬莱中学有高中六个班并入,从此成为完全中学,才又改作了今名——上海市育民中学。

学校创办之时，位于高桥镇西浜头，由于校舍简陋，地处偏僻，一九四九年迁至西街承园，即现在的育民中学所在地。承园原本是民国时期高桥程氏的私家园林，由富商程竞民营建于二十世纪三十年代，占地达十余亩。承园虽然建造时间最晚，但面积最大，布局最佳，在高桥的园林中尤以绿化为人称道。

木心进校之初，被安排在教导处任职员，在协助教导主任金寿彝做些教务安排外，还参与课堂教学的督导与检查。此外还要临时代课和刻录学校印发的资料和试卷，虽然有些辛苦，但平淡的日子还是相对比较安逸的。

到了一九五二年，育民中学学生人数从三年前的九十七人猛增至六百七十人，学校急于扩大办学规模，向社会新招聘一批教员，其中就包括音乐和美术两个科目的任课教师。此时王济诚的新华纸店因经营不善，正濒临倒闭。加之沈珍体弱多病，需人照顾，王济诚、孙彩霞夫妇正与木心在合计是否也一起搬到上海来另谋出路。大家正在为此而烦恼时，木心因供职教导处，第一时间知道了招聘的消息，便主动找到校长，提出愿意由他一人同时担任这两门课的教学任务，并希望将自己的教导处职员一职让给王济诚。校长因平时对木心的印象颇好，知道他是上海美专的高材生，在音乐和美术方面确有专长，就初步同意了他的请求。但校长提出，希望能对王济诚的基本能力有个大致的了解，便委托木心联系王济诚，让他抄了一首诗寄来。校长的用意是想看看王济诚的字写得如何，因为教导处职员需要担负刻蜡纸的工作。当校长见到王济诚寄回的字后就正式接

如今的上海市育民中学

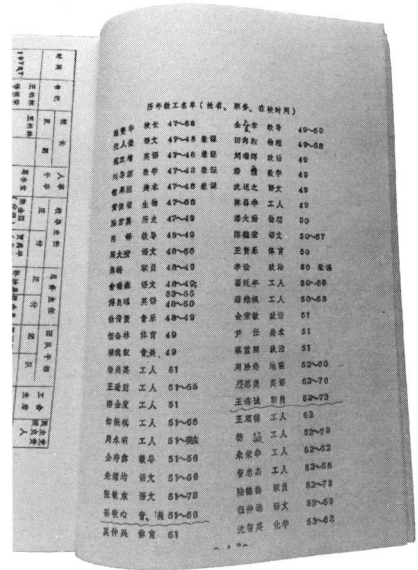

育民中学校史中的《历年教工名单》

受了木心的提议,王济诚于是顺利地进入育民中学担任教导处职员,和木心成了同事。

那时一大家子租住在沈家大院里,房东是老诗人沈轶刘。沈轶刘(一八九八——一九九三),名桢,浦东高桥人。早年毕业于上海中国公学中国文学系,长期从事报刊工作。二十世纪五十年代参加中华书局上海编辑所《诗韵新编》等书的编辑。沈轶刘也是夏承焘的老朋友,或许是因为这一层特殊的关系,他对木心特别的客气。他家有一个自用的卫生间,除了木心别人都不可以用。平时两人相遇,沈轶刘总会向木心点头示意,称呼他为"孙先生"。

"孙先生"在学校里虽然担任两门课的教学任务,但他应付得很自如。据王奕回忆,她的父亲王济诚对舅舅一直就很佩服,说有一次他去代课,课上的纪律极差,木心听到动静后只是到窗口一站,班级里便鸦雀无声。她的意思是当年学生对木心还是很敬畏的,以致一九五六年木心辞去教职后,曾有一位接替他的音乐教师因学生不买账,只教了一两个月便离职了。学校后来又招聘了戚幼吾来接任音乐教师一职。那时木心还有两位对他态度截然相反的同事,一位是语文教师张敏东,与木心很要好,因有共同语言,彼此很谈得来。还有一位是教历史的,叫于德清,他则视木心为怪人,基本上没有什么交往。

木心在育民中学时每个月的工资是九十八元,他拿出六十元给姐姐孙彩霞补贴家用,自己只剩三十八元。后来因育民中学缺一台钢琴,木心便将自家的一台以每月三十元钱的租金租给了学校。因另外多了这三十元的钢琴出租费,所以生活上不至于太窘迫。但谁又能料到,后来这会成为木心的罪名之一。

这是一台名牌钢琴,制造于新中国成立之前,是当年搬家时从杭州搬到上海来的。但据一九五六年以后接任木心教职的音乐教师戚幼吾回忆,这台钢琴的质量其实并不好,到他手上时已开始影响正常的教学。据他了解,之所以会出现这种情况,是因为木心当年在订制时就一次性把钱全都付清了,随后物价飞涨,在成本提高的情况下,生产商为了不亏本只得降低生产材料的质量,所以有些名不副实。

三、"小镇上的艺术家"

二十世纪五十年代的头几年,木心就这样在育民中学里平静地教着他的书,与有限的几位志同道合的朋友相往还,生活还算自在,心情也是愉悦的。尽管如此,福楼拜的教诲,特别是那句"艺术广大已极,足以占有一个人"总是会在心底涌起,庸常的日子毕竟容易使人麻木,为此木心的内心也有自我冲突的时候。他写过一首题为《小镇上的艺术家》的诗作,述及这一段生涯,似乎是有意在向读者袒露他彼时的真实心境:

国庆节下午
天气晴正
上午游行过了

黄浦江对岸
小镇中学教师
二十四岁,什么也不是

满腔十九世纪
福楼拜为师
雷珈米尔夫人为友

我好比笼中鸟
没有天空
可也没有翅膀

看样子是定局了
巴黎的盘子洗不成了
奋斗、受苦,我也怕

先找个人爱爱吧
人是有的
马马虎虎不算数

夜来风吹墙角
艾格顿荒原
哈代,哈代呀

看样子是就这样下去了
平日里什么乐子也没有

除非在街上吃碗馄饨

有时，人生真不如一行波德莱尔
有时，波德莱尔
真不如一碗馄饨

这是一首率性之作，看似随意，其实写出了木心此时的思想状态。他还是那么不合时宜，"满腔十九世纪"，活在福楼拜等世界文学大师构建起的世界里。感叹自己"什么也不是"，好比一只"笼中鸟"，"没有天空""也没有翅膀"。但他对这样的"定局"又心有不甘，内心深处的矛盾、苦闷、无奈，缠绕心间，难以化解。诗中有一句"巴黎的盘子洗不成了"，是指一九四九年前后，上海美专教授陈士文曾打算赞助木心前往法国留学，终因时局剧变而未能如愿，这成了木心耿耿于怀的一个遗憾。

其实木心一直没有放弃自己在文学和艺术上的求索。他仍"埋头苦写"，没有发表和出版的机会就将写好的文章自编成一本本的手稿本，亲自设计封面和版式，在最亲密的亲友间传阅。正如他所说，"写作是快乐的，醉心于写作的人，是个抵赖不了的享乐主义者"，他就是这样一个能从写作中获得无限乐趣与满足的人。对于那个时代的绝大多数作家而言，发表与出版本就是一种特权，木心固然渴望读者，但不敢奢望，他只能写给自己看，一定意义上是一种自我的倾诉和对话。一九八四年

台湾《联合文学》创刊号在采访他时,他回顾说:

> 从十四岁写到二十二岁,近十年。假如我明哲,就该"绝笔"。假如我有法国兰波之才,已臻不朽。但是我什么也没有,只有痴心一片,还是埋头苦写。结集呢,结了,到六十年代"浩劫"前夕正好二十本,读者呢,与施耐庵生前差不多,约十人。出版吗,二十集手抄精装本全被没收了。"尝著文章自娱"结果是"尝著文章自误",因为"颇示己志"啊,接下来就非"忘怀得失,以此自终"不可么。①

同样是在《联合文学》创刊号上,我们看到了木心从一九四九年到一九六六年的文学创作情况:

【论文】《汉姆莱特泛论》《伊卡洛斯诠释》《奥菲斯精义》《伽米克里斯兄弟们》(九篇集)

【小说】《临街的窗子》《婚假》《夏逊的赦免》《危险房屋》《石佛》《克里米亚之行》《伐哀尔独唱音乐会》《罗尔与罗阿》《木筏上的小屋》

【散文】《凡仑街十五号》(一百篇集)

【诗】《如烟之姿》(长诗)《非商籁体的十四行诗》(一百首集)《蛋白质论》(短诗集)《十字架之半》(短诗集)

---

① 《海峡传声:答台湾〈联合文学〉编者问》,《鱼丽之宴》,木心著,桂林:广西师范大学出版社,2009年,17—18页。

【剧本】《进来,主角》

【旧体诗与词】《玉山赢寒楼余烬篆》

正好是二十种,涉及论文、小说、散文、诗歌、剧本和旧体诗词六种文体。这些文学作品连同创作于同一时期的绘画一起于"文革"初期均被抄没和焚毁,对此木心亦有过一番交代:

> 禁囚之前我一生的文学绘画作品全部被焚毁,所谓"在绝望中求永生",其实只能是"无愧于艺术对我的教养",明知从此被剥夺了艺术创作的权利,我根本不配有信心。然而世界性的是非善恶的判断和取拒,在我心里决不放弃一贯的主见,层出不穷的主见。华格纳年青时谒见贝多芬,得到教诲和慰勉,告别时,贝多芬说:"以后你痛苦时,请想起我。"贝多芬以其道德力量之强,担当了人性中的最大可能,我又惊讶他对人生痛苦的体验之深,使我这平凡的不幸者也得以引贝多芬为知己。①

虽然只是一个普通的中学教师,在人生的困境中木心却始终葆有对艺术的那份痴心,并借以自慰。这在木心的实际生活中表现的尤为明显。在家里木心经常和姐姐讨论文艺方面的话题,他们聊到过梅兰芳、茅盾、丰子恺、林徽因。两人都很喜

---

① 童明、木心:《关于〈狱中手稿〉的对话》,《木心纪念专号:〈温故〉特辑》,刘瑞琳主编,桂林:广西师范大学出版社,2013年,214页。

欢丰子恺的画。聊到梅兰芳时，木心说他"艺高胆大"，孙彩霞反问他："你不也一样？"姐弟于是相视而笑。有时孙彩霞并不认同木心的观点，但从不与他争执，就以一声不响表达自己的态度。孙彩霞还是颇为忌惮自己的这位弟弟的，对其能处处忍让和迁就。那时有一个学生要跟木心学画，他母亲很反对，于是跑到家里来希望孙彩霞去跟自己的弟弟说说。孙彩霞只能坦言自己可不敢跟他说，因为不仅丈夫王济诚的工作是他介绍的，而且三个小孩（指王剑芬、王宁和王竞）也都是外婆家养大的。

木心还很善于为自己营造一种艺术的氛围，处处维持艺术家的做派。这可从其外甥王韦对当年居住环境的描述中略见一二：

> 走进舅舅的房间，就像进入艺术的天堂。门窗的边框都用纸糊着（像现在的壁纸似的），一个又粗又大的画框占满了一面墙，另一面墙上挂着《蒙娜丽莎》的画像。靠窗一个写字台，台上铺满了纸，放着各种画笔、颜料和画具等。两把藤椅中间是一个石墩，石墩上放一块方方正正厚厚的黑石板当茶几，上面是贝多芬的石膏像，还有很好看的茶具和烟缸。床边一个像钢琴似的小书架，上面摆了几本精装书，床头桌子也用白纸包着，上面放着一盏古典西式的台灯和类似

古埃及的艺术品。①

这种精致美化的居住环境伴随木心的一生，是他所愿意花费时间和精力去用心经营的。而创作上，他却有意识地将自己雪藏起来，在文学和绘画的表现形式上，固执地按照一己的个性去发挥。他说，"我选择艺术作为终身大事，是因为这世界很不公平，白痴可以是亿万富翁，疯子可以是一国君主。艺术则什么人做出什么艺术品来，这个一致性我认为是'公平'。文学因为是字组成的，掺不得半点假。要掺尽管掺，反正不是文学了"②。

但好景不长，这种近乎"资产阶级的生活方式"很快就会被周围的人视作是异类，遭受排斥。一九五六年二月，育民中学由上海市教育局接办，转眼成为了公立学校。校长仍由施燮华续任，教导主任起初亦仍由金寿彝代理，全校教职工有将近四十人。就在这时，人们突然发现育民中学存在一个先天性的不足，那就是校内还没有一名党员。更何况校内多数人也都渴望上级委派一名党员同志来校，以便加强党对学校的领导。就在这一年的九月，教育局派了钱锦书来校接任教导主任，成为育民中学的第一个党员。十一月，又加派党员孙云祥来任副校

---

① 王韦：《为文学艺术而生的舅舅》，《木心纪念专号：〈温故〉特辑》，刘瑞琳主编，桂林：广西师范大学出版社，2013年，93页。
② 《海峡传声：答台湾〈联合文学〉编者问》，《鱼丽之宴》，木心著，桂林：广西师范大学出版社，2009年，26—27页。

长，受到了热烈的欢迎。

钱锦书来校后实际不在校内办公，而是在洋泾东郊区办公室做肃反运动的准备工作。此时金寿彝已调离，教导处的日常工作由田向云代理。这一学期是提前放的寒假，因为学校要跟上整个形势，开展肃反运动。当时全校教工已达五十余人，全部集中住宿到陆行中学和其他学校一起参加学习。育民中学是一大组，由钱锦书等三人领导，听报告，分组学习、讨论，还要书面交待个人的历史问题。大家前后学习了约十天，结束后全部返校，正式放寒假。

就是在这一次的学习和自查中，木心"因历史问题"被逮捕。由王敬钊编定于二十世纪八十年代的《上海市育民中学校史》中记录下了这件事情，但没有写明被逮捕的是木心这个人。

木心是在家里被抓的，当时被戴上了手铐，还被搜查了房间。逮捕后被关押在思南路上的上海市第二看守所，关押期间曾被安排在看守所内分发图书，当时得知女作家苏青也身陷囹圄，同样被关押在这里。这一次的牢狱之灾对木心的打击可谓巨大，他后来回顾说：

> 一九五六年我被迫害，死去活来，事后在钢琴上弹贝多芬，突然懂了，不仅懂了，而且奇怪贝多芬的遭遇和我完全不同，何以他的悲痛与我如此共鸣？[1]

---

[1] 《文学回忆录》，木心讲述、陈丹青笔录，桂林：广西师范大学出版社，2013年，594页。

而最令他不能接受的是母亲因此忧郁而亡。他们是在他在押期间告诉他这个噩耗的，木心自述当时在狱中悲痛欲绝，哭得醒不过来。这成为他终身无法释怀的一个心结，他觉得愧对自己的母亲。这一年他作有一首旧体诗《思绝》，即是彼时狱中心境的写照：

> 小屋如舟衾似沙，灵芝劫尽枕芦花。
> 杜宇声声归何处，群玉山头第一家。

同年十二月，经审查，木心被囚禁半年后无罪释放，但仅获得公安机关的口头平反。尽管如此，出狱后木心还是终结了在育民中学的教职，于次年进入上海美术模型厂，从此从事工艺美术和展览会的设计。画家夏葆元认为，以木心的才华"并非不能进一家更像样的单位，但是习惯隐忍的他认为这个不惹人注意的所在更为安全"[①]。对此，二十世纪九十年代已身处美国的木心也表露过这一份难言的苦衷：

> 我要走的路，被截断了。怎么办呢，想了好久，决定退出文艺界，去搞工艺美术，不太积极，也不太落后，尽量随

---

① 夏葆元：《木心的远行与归来》，《中国随笔年选2012》，朱航满编，广州：花城出版社，2012年，144页。

晚年的沈珍

大流,保全自己——我看俄国那批人下场,太悲惨。①

无故经历过一次牢狱之灾后,木心敏锐地觉察到自己原本想要走的艺术之路被截断了,走不通了。在这样的人生困境面前,在无法顺着自己的意志再继续往前走的情况下,他选择了自我保全,那就是"不太积极,也不太落后,尽量随大流"。值得注意的是,木心选择的仍然是美术行业,只不过是更为实用的工艺美术,这就是"大流",这也正是木心的心机所在。

最后,以一九八七年春木心在接受台湾《中国时报》编者访谈时的一问一答作为本书的收尾,读者或能从中对"文学的鲁滨逊"这一隐喻有新的理解:

> 问:您个人是否觉得与社会颇为格格不入?作为一个文学家,您是否觉得自己与社会的主导价值、流行时尚颇有距离?
>
> 答:就人类社会的整体观念的结构性而言,我容易认同并且介入。局部的一时的"格格"呢,能迁就的迁就,不能迁就的便退开(为了取得"退开"的能动性,花了数十年工夫)。另外则好在我从来没有"我们作家……"如何如何,觉得完全隔膜,反正别人的"我们",对于我是"他们"("她们"),闪身让开,免得挡了道。关于社会的"主体价值""流

---

① 《文学回忆录》,木心讲述、陈丹青笔录,桂林:广西师范大学出版社,2013年,835页。

行习尚",最好能处于"演员"的位置上,又不行,退而作观众。社会是个剧场,观众至少也在剧场里,所以,若说"距离",仅仅是观众席与舞台的一点距离,有时坐前排,有时坐后排,有时坐包厢,十八十九世纪似的。总之"距离"不大,大了就看不清演的是什么戏了——我是个戏迷,报纸上国际版、社会版的新闻每天看得仔细,文艺版娱乐版则一掠而过,不够戏味。我想,既然宿命地是个戏迷,我不入剧场谁入剧场?大概是这样,是这样的。①

---

① 《雪夕酬酢》,《鱼丽之宴》,木心著,桂林:广西师范大学出版社,2009年,51—52页。

后　记

　　为木心作传，这在过去是想也不敢想的事。不敢想的原因已在前文中谈到，这里不再赘述。最后想就"文学的鲁滨逊"这个书名做一下交代。

　　世人多以为这个称呼最早出自台湾《联合文学》创刊号，因为该刊特设的"作家专卷"即以"木心，一个文学的鲁滨逊"为题。殊不知，这一称呼，其实是木心的自况，早在《联合文学》创刊号推出之前，在答复陈英德催促他恢复写作的信中就曾提出：

　　巴黎的友人来信催：
　　"写吗？你赶快写啊！重新粉墨登场。"
　　隔了个大西洋，友人不明我的处境，在这间不是自己的屋子里，举目无书，辞典也没有。
　　回信巴黎时，我写道：
　　"这里什么也没有，记忆力也没有，美国之大，对我是个荒岛,'星期五'也没有,我如今是'文学鲁滨逊'……"[1]

显然,在木心心里"文学鲁滨逊"之名有着丰富的意蕴,首先饱含着木心强烈的身世之感,是对自我处境的生动比喻。这可从当年童明问木心是否是"流亡作家"时的答复中得到进一步的阐明:

> 如果我十四岁时有人称我为流亡作家,那是会很高兴的。流亡,大抵分两种:名列通缉令者,黑色流亡。漫游各国住五星级旅馆者,玫瑰色流亡。二者我不居其一,乔伊斯认定"流亡就是我的美学",我只觉得"美学就是我的流亡",观念世界的无尽漂泊,各安各的宿命,要说外在世界呢,本世纪的流亡作家分两代,旧俄罗斯蒲宁他们一代是仓皇脱根而去,后来在外国都枯萎了。东欧、苏联、南美的新一代可就身手矫健,"我在巴黎便更其布拉格"云云,我称之为"带根的流浪人",枝叶茂盛硕果累累。乡愁呢,总是有的,要看你如何对待乡愁,例如哲学的乡愁是神学,文学的乡愁是人学,看着看着,我是难免有所贬褒的,乡愁太重是乡愿,我们还有别的事要愁哩。若问我为何离开中国,那是散步散

---

[1] 《草色》,《爱默生家的恶客》,木心著,桂林:广西师范大学出版社,2009年,13—14页。

远了的意思,在纽约一住十年,说是流浪者也不像。①

其实木心自己何尝不是"带根的流浪人",他的一生卧东怀西,游艺于东西方文明的水乳交融中,"只凭一己的性格走在文学的道路上"②。他认为"现代文化的第一要义是整体性","文化是风,没有界限。我们只有一个地球,只有一个教师。我的开口奶是白牛奶,但这之前,中国文化的黄连和蜜水也喂过我呀——如此回顾,好像真的找到了我的起点(不能讲是终点)……"③

特别的处境、际遇和个性造就了木心身处局外的姿态,他既能侧身于文坛主流之外,又成功规避了流行文化的庸俗与速朽。梁文道称木心为"局外人",认为他"竟然'局外'到了一个没有人能从他的作品中读出来处的地步,'局外'到了让人时空错乱的地步"④。

这也就直接塑造了木心文学风格的独特性,"文学鲁滨逊"就是对木心这一文学风格最形象的概括。对此,《联合文学》的编者在"作家专卷"的导言里有过准确的诠释:

---

① 《仲夏开轩:答美国加州大学童明教授问》,《鱼丽之宴》,木心著,桂林:广西师范大学出版社,2009年,69—70页。
② 同上书,63页。
③ 同上书,139—140页。
④ 梁文道:《文学,局外人的回忆》,《文学回忆录》,木心讲述、陈丹青笔录,桂林:广西师范大学出版社,2013年,第xi页。

经由联副,木心在文坛一出现,即以迥然绝尘、拒斥流俗的风格,引起广大读者强烈注目,人人争问:"木心是谁?"为这一阵袭来的文学狂飙感到好奇。身逢动乱,木心的经历不平凡,成就也不平凡。在极为的情况下,他始终坚持自我的生活理念、文学立场,像在一座孤岛上一样,不间断地从事创作。因此,所谓"文学鲁滨逊"之说,实深含傲然雄视之情。①

此番阐发得到了木心的认可,认为是"点到了穴道"②。它指出了木心及其文学的独特性根植于精神的独立和思想的自由,即便是在极端的环境下,依然能够"坚持自我",从而历练出"迥然绝尘、拒斥流俗"的文艺风范。这一特征,被郭松棻称作"彼岸性"。郭松棻的这一认识被木心引为是知己之论,但他又诡秘地补充说:"彼岸,就是超越宗教、哲学、艺术的所在,那所在,我不会向大家坦白。"③

本传无意于向大家披露木心不想"坦白"的内容,只是力所能及地通过图文如实讲述他在历史的风云变幻中,在时代浪潮的裹挟下,是如何从出生到求学再到思想逐渐走向成熟、并以艺术为毕生志业的生命历程。内容涉及家世背景、古镇生活、

---

① 《联合文学》创刊号,痖弦主编,1984年11月1日,47页。

② 《迟迟告白》,《鱼丽之宴》,木心著,桂林:广西师范大学出版社,2009年,92页。

③ 《文学回忆录》,木心讲述、陈丹青笔录,桂林:广西师范大学出版社,2013年,88页。

开蒙与就学、为艺术而出走、负笈上海美专、投身学生运动、与夏承焘和林风眠的交往、山居生活、杭州与上海的教书生涯等。在呈展木心前半生生平经历的同时，探索其最初几次人生选择的思想动机，以及可能决定其后半生人生走向的必然与偶然因素。

木心曾说"我曾见的生命，都只是行过，无所谓完成"，这就是一部未完成的传记。至于到底能为读者提供多少信息和满足，请大家翻翻看吧！

最后，感谢桐乡市委宣传部和嘉兴市委宣传部先后将此项目纳入文化精品工程，给予有力支持。孙郁先生是我素来仰慕的学者，刚收到他的序言我就迫不及待地细读一过，深怕落下一个字。感念于先生的不以拙著浅显而鄙夷之，更感动于先生对木心的理解之深深而切中肯綮，在此一并致以诚挚的谢意！

木心美术馆及徐泊女士等机构和友好为本书提供了插图，亦致谢意！

是为后记。

附录：木心年表

一九二七年　一岁

◎三月十七日，生于浙江省桐乡县乌镇（今桐乡市乌镇镇）东栅孙家老宅。取名孙璞，字玉山，又名孙仰中。

一九三一年　五岁

◎本年，孙家购得乌镇东栅财神湾孔家部分厅房和花园，建起孙家厅和孙家花园，并于本年举家迁往财神湾新居（今财神湾一八六号木心故居纪念馆所在地）。

一九三二年　六岁

◎入学，就读于乌镇东栅集贤坊小学。

一九三三年　七岁

◎本年，父亲孙德润去世。同年，转入私立敦本初级小学就读。

一九三四年　八岁

◎本年，正式从师开始学习中国传统水墨画。

一九三五年　九岁

◎本年，敦本初级小学并入植材小学，木心随往植材小学插入三年级就读。

一九三七年　十一岁

◎十一月，日军占领乌镇，木心一度随家人前往祖籍地绍兴避难。

一九三九年　十三岁

◎本年在乌镇。因无法上学，孙家除了延续自家家教外还先后聘请了六位家庭教师开设家塾。沈罗凡为伴读。

◎约在是年前后，在亲戚黄妙祥的帮助下向茅盾书屋借书，得以饱览世界文学名著。

一九四〇年　十四岁

◎本年，在表哥邵传统帮助下随家人避居嘉兴。开始写俳句，并开始发表作品，写作初露锋芒。

一九四二年　十六岁

◎本年，到过上海，在上海初次读到张爱玲的散文。

一九四三年　十七岁

◎本年，为报考国立杭州艺术专科学校（以下简称杭州艺专）出走乌镇，前往杭州。住在盐桥附近的蕨南书屋，日常生活由女佣料理，一心要做知易行难的艺术家。

◎本年，在杭州举行平生第一次个人画展。

一九四五年　十九岁

◎抗战胜利后，与沈罗凡等在乌镇创办《泡沫》刊物，为八开油印刊物。以笔名罗干发表文章，负责编写诗歌、散文，文字"幽美清雅，富于情致"（沈罗凡语）。

◎杭州成立"美术工作者协会"，木心积极参与，并成为该会会员。其间，民众文化馆举行集体性画展，木心拿出几幅油画参展，受到《东南日报》好评。

一九四六年　二十岁

◎元旦，参加杭州元旦美展。

◎一月，杭州艺专迟迟未迁回，上海美术专科学校（简称上海美专）登报招生，木心遂去信报名，以同等学力作为插班生考入该校三年制西洋画专修科一年级就读。此时的通用名为孙牧心。

◎本年，上海美专的学生运动异常活跃，木心画宣传画、演话剧，表现积极。

◎六月初，茅盾由香港回到上海，住在山阴路大陆新村。木心跟随黄妙祥之子黄阿全前往茅盾家叙旧，茅盾以书相赠。

◎十月十九日下午，参加由中华全国文艺界协会等十二个文化团体于辣斐大戏院联合举行的鲁迅逝世十周年纪念大会。

◎十一月二十五日，为纪念鲁迅逝世十周年，与夏子颐、王伯敏等冒险前往万国公墓瞻仰鲁迅墓。

一九四七年　二十一岁

◎四月五日，在杭州拜访夏承焘，获赠夏承焘所作词两阕。午后，与夏承焘、夏子颐、郑德涵游紫云洞。

◎四月六日，再到夏承焘家中拜访，夏承焘与之讲庄子和佛学。不久后回到上海，与夏承焘保持书信联系。

◎五月,"反饥饿、反内战、反迫害"运动爆发。此时木心担任上海美专学生会副主席,因积极参与学生运动,被国民党政府列入黑名单。

◎八月,到杭州,多次往谒夏承焘,与之谈词论艺。其间结识席德进。

一九四八年　二十二岁

◎六月五日,数十名便衣特务制造了震惊上海的上海美专"六五血案",大批学生受伤,学生会骨干吴树之等八人被殴成重伤并先后遭逮捕入狱。上海美专党小组积极营救被捕学生,木心亦参与其中。

◎七月,被上海美专勒令退学。

◎九月,到台湾,偶遇在嘉义中学教书的席德进。

一九四九年　二十三岁

◎本年初,因母亲来信催促,遂返回大陆,住在杭州金沙港。

◎在杭州期间与浙东游击纵队杭州联络站负责人之一的叶文西成立杭州绘画研究社,叶文西任社长,木心任副社长。以此为掩护,从事地下党活动。

◎春,在浙江省立杭州高级中学(简称省立杭高)执教,住校,待遇可观,受学生爱戴。

◎五月,参加中国人民解放军第二十一军南下文工团,到过温州。

◎七月,因肺结核病退伍,返回杭州。

一九五〇年　二十四岁

◎本年初至八月底仍在省立杭高任职,不再住校,住杭州皮市巷。

◎八月,从省立杭高辞职。

◎九月至十二月,在莫干山,期间一心读书、写作、画画。集中研读了福楼拜和尼采的著作,并接受福楼拜的艺术观和艺术方法。

◎本年秋,首次到杭州玉泉林风眠家中拜访。

一九五一年　二十五岁

◎一月至八月在上海江湾。此间闯荡谋生,做过医学挂图、舞台布景、临时代课等临时性工作,生活颇为窘迫。

◎从本年秋开始任教于上海浦东高桥育民中学,先任教导处职员,后任美术教师兼音乐教师,受学生喜爱和敬重。

◎此间和母亲沈珍、外甥女王宁租住在沈家大院,房东为老派诗人沈轶刘。

一九五六年　三十岁

◎上半年,仍在育民中学任教。

◎七月,因被迫害首次蒙冤入狱,关在上海市第二看守所。就此终结育民中学教职。

◎被囚禁期间,母亲沈珍因忧愤过度病情加重而去世,时年不到六十岁。

◎十二月,囚禁半年后出狱,仅得口头平反。

一九五七年　三十一岁

◎从本年初起主要在上海从事展览会的设计。

一九五八年　三十二岁

◎本年秋、冬间在北京，参加第二届全国农业展览会的设计工作。另作为设计带队在北京参与十大建筑的室内设计，向国庆十周年献礼。

一九五九年　三十三岁

◎本年春至秋仍在北京参加第三届全国农业展览会的设计。

◎十月一日，在北京，躲在家里偷学意识流写作。

一九六〇年　三十四岁

◎本年起至一九六二年，在上海美术模型厂工作。

一九六三年　三十七岁

◎本年起至一九六五年，先后从事外贸、广告等工作。

一九六五年　三十九岁

◎近年仍专事生产工艺竹帘画及毛泽东立体画像。年底，被调到中苏友好大厦（现上海展览中心）任"技术革新、技术革命"展览会总体设计。

一九六六年　四十岁

◎本年初起又回上海美术模型厂工作。

◎冬，遭遇抄家，数箱画作、藏书、乐谱、唱片和二十册（一说二十二本）自定文集等被全部抄没。

一九六七年　四十一岁

◎冬，大姐姐孙彩霞被批斗后心脏病复发去世。

一九六八年　四十二岁

◎七月至十二月，被上海静安公安分局关押。

◎年底，经静安公安分局宣判，木心被戴上地主分子的帽子，遣回原单位监督劳动，管制两年。

一九六九年　四十三岁

◎一月至一九七〇年七月在厂劳改，负责扫地、扫厕所等体力劳动。

一九七〇年　四十四岁

◎七月，被撤销管制。

◎八月至十一月，在厂隔离审查。

◎十二月起至一九七一年九月，在"地毯厂"审查。

一九七一年　四十五岁

◎十月至一九七二年二月，在"绣品厂"隔离。

一九七二年　四十六岁

◎本年，被打成"现行反革命"，管制三年。

◎三月至六月，在"本厂"防空洞隔离。期间写出一百三十二页《狱中手稿》，约六十五万字。解除监禁后将手稿缝在棉袄夹层中偷偷带出。

◎六月至一九七九年年底在"本厂"劳改。

一九七五年　四十九岁

◎本年，被撤销管制。

一九七六年　五十岁

◎二月，在五十岁之际，偷偷制作小尺幅转印画约百幅，选五十幅自编为《玉山赢寒楼藏画集》，无人解意。

一九七八年　五十二岁

◎本年，复出后的上海手工业局局长胡铁生组织成立上海市工艺美术协会。胡铁生自任会长，延请木心出任秘书长，主持日常工作。

一九七九年　五十三岁

◎本年，向中共上海市委复查办公室提交申诉书，要求平反。

一九八〇年　五十四岁

◎年初至一九八一年秋，在"工艺美术展销会"工作。

◎四月，应日本神奈川美术家协会之邀参加在横滨举行的第二十一届县展（公开招募展）。六件水墨画作品获金奖，本人被该会聘请为特邀资深会员。

一九八一年　五十五岁

◎本年至一九八二年七月，仍在上海市工艺美术协会工作。

◎十一月二十五日，南京艺术学院为木心开具《学历证明书》。

◎本年，因担心出国资历不足，在夏葆元帮助下到上海交通大学代课，给学生上"艺术理论"课。

一九八二年　五十六岁

◎本年，《美化生活》试刊号出版发行。木心是该刊事实上的主编，虽不坐班，但对杂志的排版、摄影和文稿要求很高，负责查看校样，签发稿费单。

◎八月末，以绘画留学生身份赴美，暂居纽约布鲁克林。

◎秋，与陈丹青在地铁上相识，两人均在纽约艺术学生联盟进修。

◎秋冬之际，在纽约布鲁克林的一间骨董工作室结识画家张宏图，一起给人修骨董，持续两个多月。

◎冬，彩墨画为收藏家王季迁所看重，被部分收购。随后应王季迁之邀搬到曼哈顿林肯中心一带的高级公寓。

一九八三年　五十七岁

◎春，参加日本第四十七回春季大展，以不透明水溶性颜料绘制的两件画作获"日本艺术新闻社赏"，并获美术家协会颁赠的"特别颂"。

◎夏，陈英德、张弥弥、姚庆章等艺术家来访。陈氏夫妇在读过木心的文字片段后力劝其恢复写作，回巴黎后不久即接到木心寄去的一叠稿件，读过后又将之寄给了当时主持台湾《联合报》副刊的痖弦。

◎九月、十月，九件彩墨画入选《I.M.A展》（国际现代美术家协会主办）。此展在巴黎、东京、横滨巡回展出。

◎十二月，散文《街头三女人》发表于旅美台湾诗人王渝主编的《美洲华侨日报》副刊，此为木心自一九四九年以来公开发表的第一篇作品。该文发表后被陈丹青读到，主动联系，从此"密集交往，剧谈痛聊"。

一九八四年　五十八岁

◎四月，在台湾《联合报》副刊发表《大西洋赌城之夜》，此为木心在台湾发表的第一篇文章。

◎夏，应台湾《联合文学》之邀准备该刊创刊号上的"作家专卷"。

◎六月，经陈丹青介绍，于纽约林肯艺术中心国家画廊举行水墨画展。此次为群展，展出的画作多半为"文革"期间所画，受到好评。

◎十二月十日至二十日，经陈丹青介绍，由巫鸿策划和组织，于哈佛大学亚当斯学院举行题为《木心——思想的风景》彩墨画展及收藏仪式。此为木心出国后的第一次个展，获得美国美术界和各大艺术杂志的同声赞誉。

◎十一月一日，《联合文学》创刊号出刊。本期特设"作家专卷"，题为《木心·一个文学的鲁滨逊》。

◎本年，被邀请为国际现代美术家协会名誉会员，国际现代美术家"I·M·A·展"评审委员。

一九八五年　五十九岁

◎十一月，散文《圆光》发表于《上海文学》本年第十一期"散文之页"栏目。此为木心建国后在大陆公开发表的第一篇文章。非木心本人投稿。

◎本年，于世界贸易中心纽约州政府画廊举行水彩画展。

◎本年，经郭松棻介绍结识童明。

◎本年，入选美国传记中心名人录。

一九八六年　六十岁

◎二月，《散文一集》由台湾洪范书店出版。此为木心平生正式出版的第一本书。

◎五月九日下午，由美国华语报《中报》"东西风"副刊主编曹又方发起并主持的"木心的散文专题讨论会"在纽约《中报》会议室举行。木心出席。

◎九月，《琼美卡随想录》由台湾洪范书店出版。

◎十月，台湾学者郑明娳的学术专著《现代散文纵横论》由台湾长安出版社出版，该书分两辑"综论"和"个论"，"个论"中包括"木心论"。

◎本年，从纽约艺术学生联盟毕业。

◎本年，于纽约市政府画廊举行版画展。

◎本年，入选北京《海外华人名人录》。

一九八七年　六十一岁

◎本年，于纽约格林威治村维斯贝茨画廊举行版画展。

一九八八年　六十二岁

◎二月，《即兴判断》《温莎墓园》《西班牙三棵树》由台湾圆神出版社出版。

◎本年，于台湾鼎典艺术中心举行版画展。

一九八九年　六十三岁

◎从本年始至一九九四年，应旅居纽约的一批艺术家之请，开讲"世界文学史"课程。元月十五日，在画家高小华家开课。

◎本年，获美国奈希·珂恩版画奖。

◎本年前后，童明将木心的小说列入世界文学课讲授，受到欢迎。

一九八四年至一九八九年间

◎在纽约艺术学生联盟进修期间做了上百幅抽象版画,为此被评为优秀学生并受到奖励。

一九九〇年　六十四岁

◎本年起住在曹立伟家,长达近两年时间。

一九九一至一九九二年间

◎通过一位留学生,将《狱中手稿》从国内带至美国。

一九九三年　六十七岁

◎三月七日,应听课生再三恳请,本日起至九月十一日,以九堂课的半数时间讲述自己的文学创作。

◎六月,《素履之往》由台湾雄狮图书股份有限公司出版。

◎本年,取得美国绿卡。

一九九四年　六十八岁

◎一月九日,在纽约陈丹青家中讲完《文学回忆录》中的最后一课。

◎一月十六日,在女钢琴家孙韵家中举行结业典礼,纽约《世界日报》对此做了报道。

◎六月六日,在刘丹的安排下与陈丹青启程造访英国,停留三周。此行是木心唯一一次去到欧洲。

◎夏,童明着手翻译木心的部分作品。

◎十二月,回到中国,前后四十天。

一九九五年　六十九岁

◎一月,借回国之际独自一人回到暌违五十多年的乌镇,夜宿某小旅馆。

◎本年，三十三幅转印画为罗森科兰兹基金以二十万美金购藏，生活用度遂无后顾之忧。

一九九六年　七十岁

◎本年，从杰克逊高地迁往皇后区森林小丘与黄秋虹一家同住，直至回国。

◎本年，开始筹备全美博物馆级巡回展。

一九九七年　七十一岁

◎是年，美国《北达科他文学季刊》（简称 NDQ）春季号以首席版位发表了两篇由童明翻译的木心小说及十二题长篇《答客问》。

一九九八年　七十二岁

◎五月，《巴珑》《会吾中》《我纷纷的情欲》由台湾元尊文化企业有限公司出版。

◎十一月二十二日至二十三日，散文《乌镇》在台湾《中国时报》副刊连载。

◎冬，《乌镇》一文见报后，旅居台湾的乌镇人金其全将之寄给时任乌镇植材小学校友会会长徐家堤。徐家堤又将此文转送给时任乌镇旅游开发有限公司总经理陈向宏。陈向宏读过该文后开始四处打听木心的消息。

一九九九年　七十三岁

◎十月，《马拉格计画》《同情中断录》《鱼丽之宴》由台湾翰音文化事业股份有限公司出版。

二〇〇〇年　七十四岁

◎十一月十一日，第五届茅盾文学奖在乌镇颁奖，陈向宏向王安忆打听木心，并通过王安忆与陈丹青取得联系，邀请木心回乌镇安度晚年。

◎本年，部分散文与小说被翻译成英文，成为美国大学文学史课程范本读物，并作为惟一的中国作家与福克纳、海明威作品被编入同一教材。

二〇〇一年　七十五岁

◎五月至七月，陈子善主持的《上海文学》"记忆·时间"栏目分三期连载木心的散文《上海赋》，经责任编辑金宇澄编辑发表。

◎六月，陈丹青带着木心的书信前往乌镇与陈向宏相见。这之后陈向宏开始与木心通信，持续将近五年时间。

◎十月二日，由巫鸿和梦露策划，芝加哥大学戴维和艾尔弗雷德艺术博物馆与耶鲁大学艺术画廊共同组织，罗森科兰兹基金赞助的《木心的艺术——风景画与狱中杂记》大型博物馆级全美巡回展于康涅狄格州纽黑文市耶鲁大学美术馆隆重开幕。展出的作品包括三十三幅风景画和《狱中手稿》，引来媒体竞相报道。此后历芝加哥、夏威夷、纽约数处巡回展览。展览结束后，三十三幅画作被罗森科兰兹基金捐赠给了耶鲁大学美术馆收藏。

◎十月，耶鲁大学出版社出版评论木心绘画和文学成就的专辑画册《木心的艺术》，好评不断，被列为"五星级"杰作。

二〇〇二年　七十六岁

◎一月二十四日至三月三十一日，题为《木心的艺术——风景画与狱中杂记》巡回展于芝加哥大学艺术博物馆展出。

二〇〇三年　七十七岁

◎春，《木心的艺术——风景画与狱中杂记》画展巡回至夏威夷檀香山艺术博物馆。

◎六月十日至九月七日，题为《记忆的风景——木心的艺术》画展巡回至纽约亚洲协会展出。

二〇〇五年　七十九岁

◎四月，在陈向宏多年的诚恳邀请下，决定回故乡安度晚年。十六日，启程回国做迁居前的准备。

二〇〇六年　八十岁

◎一月，《哥伦比亚的倒影》由广西师范大学出版社出版。

◎六月，《琼美卡随想录》《温莎墓园日记》由广西师范大学出版社出版。

◎九月，《即兴判断》《西班牙三棵树》由广西师范大学出版社出版。木心著作成为本年度读书热点，读书界甚至将本年称为"木心年"。

◎九月八日下午四时，应故乡乌镇的盛情邀请，在陈丹青陪伴下踏上归国航班。

◎九月十一日，由上海启程回乌镇，住进通安客栈。回乌镇定居后，除吃饭、睡觉和偶尔出门散步外，每天至少创作八个小时。

◎十一月，中国首届报纸阅读文化圆桌会议在深圳召开，会上推出"二〇〇六年十大好书"，《哥伦比亚的倒影》在列。

◎十二月十五日，《鲁迅祭》发表于《南方周末》。此为回国后唯一一次为大陆报刊撰写文章。

二〇〇七年　八十一岁

◎一月，《素履之往》《我纷纷的情欲》《鱼丽之宴》由广西师范大学出版社出版。

二〇〇八年　八十二岁

◎九月，《巴珑》《伪所罗门书：不期然而然的个人成长史》由广西师范大学出版社出版。

◎十月，《云雀叫了一整天》《诗经演》由广西师范大学出版社出版。同月，孙郁、李静编的《读木心》由广西师范大学出版社出版。

二〇〇九年　八十三岁

◎五月，《爱默生家的恶客》由广西师范大学出版社出版。

二〇一〇年　八十四岁

◎八月，《木心画集》由广西师范大学出版社出版。

◎秋，身体出现明显而急骤的衰弱。

◎十二月，经陈丹青牵线，接受美国独立电影制片导演弗朗西斯科·贝罗和蒂姆·斯丹伯格为其录制纪录片。

二〇一一年　八十五岁

◎五月，由童明翻译的散文体小说集《空房》在美国由新方向出版社出版。

◎七月，陈向宏面告美术馆方案年内将启动，在陈丹青、林兵等陪同下前往西栅探看场地，选定美术馆馆址。

◎十二月二十一日凌晨三时，病逝于桐乡市第一人民医院，享年八十四周岁。

主要参考书目

《同情中断录》,木心著,翰音文化事业股份有限公司1999年10月版。

《木心作品八种》,木心著,广西师范大学出版社2009年1月版。

《木心作品二辑(五种)》,木心著,广西师范大学出版社2013年5月第2版。

《文学回忆录》,木心讲述、陈丹青笔录,广西师范大学出版社2013年1月版。

《木心谈木心:〈文学回忆录〉补遗》,木心讲述、陈丹青笔录,广西师范大学出版社2015年8月版。

《木心纪念专号:〈温故〉特辑》,刘瑞琳主编,广西师范大学出版社2013年2月版。

《木心逝世两周年纪念专号:〈温故〉特辑》,刘瑞琳主编,广西师范大学出版社2014年2月版。

《木心逝世三周年纪念专号:〈温故〉特辑》,刘瑞琳主编,广西师范大学出版社2015年2月版。

《木心研究专号（2016）：木心美术馆特辑》，木心作品编辑部编，广西师范大学出版社2016年8月版。

《读木心》，孙郁、李静编，广西师范大学出版社2008年10月版。

《爱木心：〈梧桐影〉特辑》，夏春锦主编，山东画报出版社2015年11月版。

《木心考索》，夏春锦著，浙江古籍出版社2019年7月版。

《我走过的道路（中）》，茅盾著，人民文学出版社1984年5月版。

《画未了：林风眠传》，郑重著，中华书局2016年2月版。

《联合文学》创刊号，痖弦主编，1984年11月1日。

《桐乡县志》，马新正主编，上海书店出版社1996年11月版。

《乌镇志》，汪家荣主编，上海书店出版社2001年3月版。

《乌镇志》，俞尚曦主编，方志出版社2017年10月版。

《乌镇掌故续编》，徐家堤主编，珠海出版社2006年7月版。